Klavierhaus - Hermann
www.klavierhaus-hermann.de

Fridolins musikalischer
Adventskalender

Art:1516079   22,50 € ▸

Fridolins
musikalischer Adventskalender

24 Geschichten und Lieder zur Weihnachtszeit

Impressum

Bestellnummer: ED 22419
ISMN 979-0-001-15853-4
ISBN 978-3-7957-4454-0

Text und Idee: Peter Bucher, Aachen
Illustrationen: Martin Bernhard
Satz und Gestaltung: Maren Blaschke
Notensatz: Leonid Peleshev
Redaktion: Monika Heinrich

www.schott-music.com
5., neu gestaltete Ausgabe 2015
© 2002, 2009, 2015 Schott Music GmbH & Co. KG, Mainz
Printed in Germany · BSS 57371

Peter Bucher

Fridolins

musikalischer Adventskalender

24 Geschichten und Lieder zur Weihnachtszeit

mit Illustrationen

von Martin Bernhard

ED 22419

www.schott-music.com

Mainz · London · Berlin · Madrid · New York · Paris · Prague · Tokyo · Toronto

Geschichten und Lieder

1   Ein sprechendes Grammophon 6
  ♪ Wir sagen euch an den lieben Advent 7

2   Die weiße Überraschung 8
  ♪ Leise rieselt der Schnee 9

3   Vom beleidigten Fridolin 10
  ♪ O du fröhliche 11

4   Ein Fahrrad macht Musik 12
  ♪ O Tannenbaum 13

5   Was man von einem Lied alles lernt 14
  ♪ O Heiland, reiß die Himmel auf 15

6   Heut ist Nikolausabend da 16
  ♪ Lasst uns froh und munter sein 17

7   Fridolin, der Störenfried im Unterricht   18
  ♪ Kling, Glöckchen, klingelingeling 19

8   Wie Fridolin seinen Trichter verliert 20
  ♪ Alle Jahre wieder 21

9   Wie Toni Fridolin repariert 22
  ♪ Jingle Bells 24

10   Zimtsterne und Pfeffernüsse 25
  ♪ In der Weihnachtsbäckerei 26

11   Fridolin leiht Sophie seine Stimme 28
  ♪ Engel lassen laut erschallen 29

12   Sophie überrascht ihre Freunde 30
  ♪ Es ist ein Ros entsprungen 31

13   Der Besuch im Luisenstift 32
  ♪ Joseph, lieber Joseph mein 33

14   Fahrrad geklaut – Fridolin weg 34
  ♪ Süßer die Glocken nie klingen 35

15   Sophie weiht die Eltern
  in ihr Geheimnis ein 37
  ♪ Was soll das bedeuten? 39

16   Einen Fridolin kann man nicht
  einfach ausleihen 40
  ♪ Ihr Kinderlein, kommet 41

17   Fridolin legt sich mit einer
  Drehorgel an 42
  ♪ Kommet, ihr Hirten 43

18   Fridolin und das Krippenspiel 44
  ♪ Vom Himmel hoch 46

19   Ein Hilferuf aus der Garage 47
  ♪ We Wish You a Merry Christmas 49

20   Das große Bibelquiz 50
  ♪ Lobt Gott, ihr Christen, alle gleich 51

21   Enttäuschung im Internet 52
  ♪ Morgen, Kinder, wird's was geben 53

22   Vom rotnasigen Rentier Rudolph 54
  ♪ Rudolph, the Rednosed Reindeer 56

23   Weihnachten ohne Fridolin? 58
  ♪ Morgen kommt der Weihnachtsmann .. 59

24   Eine schöne Bescherung 60
  ♪ Stille Nacht! Heilige Nacht! 61

Liebe Kinder!

Sophie hat keine Geschwister und ist nachmittags öfter allein zu Hause. Ihre Mutter kommt erst gegen 17 Uhr von der Arbeit, der Vater meist noch später. Eine Großmutter hat Sophie auch nicht mehr. Oma Gertrud ist schon vor acht Jahren gestorben, da war Sophie noch nicht geboren.

Omas Zimmer ist jetzt Sophies Zimmer. Alle Möbel und alle Sachen von Oma stehen auf dem Dachboden. Mutter hat sie dort hinbringen lassen. Sie kann sich nicht von ihnen trennen; denn sie hat ihre Mutter, Sophies Oma, sehr geliebt. Einige Dinge hat sich Onkel Axel, Mutters Bruder, als Erinnerung gewünscht. Die hat er sich mitgenommen.

Könnt ihr euch trübe, langweilige Regentage Ende November vorstellen?

Als Mutter an einem dieser Regentage nach Hause kommt, sagt Sophie: „Mir ist so langweilig." – „Dann geh mal auf den Dachboden", sagt Mutter, „dort muss unser Adventsgesteck stehen. Hol es herunter. Es wird Zeit, dass wir das Gesteck mit Tannengrün und neuen Kerzen schmücken."

Der Dachboden ist das reinste Paradies für Kinder. Was da alles herumsteht! Omas Anrichte hat vier riesige Schubladen. Die muss man doch öffnen, da muss man doch mal hineinschauen! In der ersten liegen Fotoalben, Tischdecken und mehrere Taschenuhren, in der zweiten zahlreiche vergilbte Briefe. Weiter kommt Sophie nicht … Ihr Blick fällt auf eine staubige Decke neben der Anrichte, die irgendetwas Interessantes verbirgt.

Sophie lüftet die Decke ein wenig. Was sieht sie? Ein altes Grammophon! Es ist ein viereckiger Kasten mit einer Drehscheibe und einem Hebelarm, an dessen Spitze eine abgebrochene Nadel steckt. An der Seite hat der Kasten eine Kurbel, die etwas verbogen ist. Aus dem Grammophon ragt ein riesiger Trichter, der wohl ein Lautsprecher ist. Er ist so groß, dass Sophie fast ihren Kopf hineinstecken kann.

Mit einem Lappen wischt Sophie den Staub vom Grammophon, nimmt es auf den Arm und rennt damit die Treppen hinunter. Das Adventsgesteck hat sie ganz vergessen. „Was willst du denn mit diesem Ding?", fragt Mutter. „Das stammt ja noch von der Urgroßmutter. Oma Gertrud hat selten die alten Platten gehört." – „Ich stelle das Grammophon in mein Zimmer", sagt Sophie. – „Aber wir haben doch keine einzige Schellackplatte mehr", sagt Mutter, „die hat alle Onkel Axel bekommen. Du wirst also gar nichts damit anfangen können." – „Trotzdem", sagt Sophie, „das Grammophon gefällt mir."

Was Sophie mit dem alten Grammophon erlebt und wie spannend der Advent für sie damit wird, davon erzählt dieser musikalische Adventskalender.

Viel Spaß beim Lesen, Singen, Schauen und Blättern wünscht euch euer
Peter Bucher

1 Ein sprechendes Grammophon

Sophie stellt das Grammophon auf ein Tischchen, auf dem im Sommer immer frische Blumen stehen. Sie setzt sich aufs Bett und stellt sich vor, wie die Uroma vor dem Trichter saß und den wundersamen Tönen lauschte. „Schade, dass Onkel Axel alle Platten mitgenommen hat", sagt Sophie halblaut vor sich hin.

„Das macht gar nichts", sagt eine tiefe Stimme. Sophie erschrickt. Ist da jemand im Zimmer? „Hab keine Angst", sagt die Stimme, „ich bin's, dein Grammophon." – „Du, du, du kannst sprechen?", stottert Sophie. „Ja", sagt das Grammophon, „aber nur für dich. Du hast mir die stickige Decke abgenommen, du hast mich vom Staub gereinigt und hier in dein Zimmer gebracht. Ich bin dir etwas schuldig. – Für andere Menschen, auch für deine Eltern, kannst du mich auch unsichtbar machen, wenn du willst. Du brauchst nur die Kurbel einmal nach rechts zu drehen. Drehst du nach links, bin ich wieder sichtbar."

„Kannst du noch mehr?", fragt Sophie aufgeregt. „Aber ja", antwortet das Grammophon. Es hat oben auf dem Trichter zwei Augen und der Trichter wackelt beim Sprechen hin und her. „Ich habe alle Lieder und Musikstücke behalten, die jemals auf mir gespielt wurden. Ich kann sie auch ohne Schallplatte wiedergeben." – „Echt?", fragt Sophie. „Echt!", sagt das Grammophon.

„Und woher weißt du, was wir hören wollen?", fragt Sophie. „Ganz einfach: Du sagst es mir oder die Natur und die Umgebung sagen es mir", antwortet das seltsame Grammophon. „Das mit der Natur und der Umgebung verstehe ich nicht", meint Sophie. „Also", sagt das Grammophon, „wenn der erste Schnee fällt und ich merke es, spiele ich *Leise rieselt der Schnee*." – „Ach so", sagt Sophie, „dann spiel mal *99 Luftballons*." – „Kenn ich nicht. Das Lied gab es zu meiner Zeit noch nicht." – „Dann spiel mal *Wir sagen euch an den lieben Advent*."

O Wunder, das Grammophon spielt tatsächlich das Lied. Nach einer Weile geht die Tür auf und Mutter schaut herein: „Was hörst du für schöne Musik?"

Schlagartig beendet das Grammophon sein Spiel. Mutter ist verwirrt. „Ich hatte doch was gehört ..."

Wir sagen euch an den lieben Advent

1. Wir sa - gen euch an den lie - ben Ad -
   Wir sa - gen euch an eine hei - li - ge

vent. Se - het, die ers - te Ker - ze brennt.
Zeit. Ma - chet dem Herrn die Wege be - reit.

Freut euch, ihr Chris - ten, freu - et euch

sehr! Schon ist na - he der Herr.———

Text: Maria Ferschl (1895–1982) / Melodie: Heinrich Rohr (1902–1997)
© Verlag Herder, Freiburg

2. Wir sagen euch an den lieben Advent.
   Sehet, die zweite Kerze brennt.
   So nehmet euch eins um das andere an,
   wie auch der Herr an uns getan.
   Freut euch, …

3. Wir sagen euch an den lieben Advent.
   Sehet, die dritte Kerze brennt.
   Nun tragt eurer Güte hellen Schein
   weit in die dunkle Welt hinein.
   Freut euch, …

4. Wir sagen euch an den lieben Advent.
   Sehet, die vierte Kerze brennt.
   Gott selber wird kommen, er zögert nicht.
   Auf, auf, ihr Herzen, und werdet licht.
   Freut euch, …

2 Die weiße Überraschung

Angenehmer ist Sophie selten geweckt worden. Aus der Ecke, in der das Grammophon steht, dringt leise Musik. Sie klingt so, als würde jemand ganz behutsam und zärtlich über die Saiten einer Geige streichen. Sophie öffnet vorsichtig das rechte Auge, dann das linke. Mit einem Ohr liegt sie noch auf dem Kissen. Sie richtet sich auf. Jetzt hört sie es deutlich. Aus dem Grammophon erklingt die Melodie *Leise rieselt der Schnee*.

Die Sprungfedern krachen – so ungestüm hopst Sophie aus ihrem Bett. Sie reißt die Gardinen zur Seite, schaut aus dem Fenster und hüpft entzückt durchs Zimmer. Weiß, alles ist weiß. Der Fußweg zum Haus ist weiß, der Vorgarten ist weiß, die kleine Fichte ist weiß, die Dächer der gegenüberliegenden Häuser sind weiß.

„Mutter, Vater", ruft Sophie, „es hat geschneit, es hat geschneit. Alles ist weiß!" Mutter kommt aus der Küche. „Wir wissen es, Sophie", sagt sie. „Wir sind schon früher aufgestanden. Weil heute keine Schule ist, haben wir dich länger schlafen lassen."

„Ich hole dir den Schlitten aus dem Keller", sagt der Vater, der am Frühstückstisch hinter seiner Zeitung sitzt. „Ja, bitte, aber schnell!", ruft Sophie. „Geh erst mal ins Bad und zieh dich an. Ich habe dir den Schneeanzug herausgelegt", sagt Mutter.

Zappelig rutscht Sophie am Frühstückstisch hin und her. Sie hat keinen Hunger, kaut ein bisschen an einem halben Brötchen herum – und ist schon unterwegs zum Rodelberg. Den ganzen Tag rast sie mit ihren Freundinnen den weißen Hang hinunter, klettert wieder hinauf, bindet Schlitten zusammen, fällt in den Schnee, vergisst das Mittagessen und wundert sich: „Es wird ja schon dunkel!" In ihrem Eifer haben die Kinder nicht bemerkt, dass es vier Uhr am Nachmittag ist. Da tritt im Winter bereits die Dämmerung ein.

Zu Hause muss Sophie sich einiges anhören, weil sie die Mutter mit dem Mittagessen sitzen ließ. Sie hat aber noch etwas anderes versäumt und jemanden sehr beleidigt …

Wenn ihr es nicht erraten könnt, wartet auf morgen. Dann werdet ihr es erfahren.

Leise rieselt der Schnee

1. Lei - se rie - selt der Schnee, still und starr ruht der See, weih - nacht - lich glän - zet der Wald: Freu - e dich, Christ - kind kommt bald!

Text / Melodie: Eduard Ebel (1839–1905)

2. In den Herzen ist's warm,
   still schweigt Kummer und Harm,
   Sorge des Lebens verhallt:
   Freue dich, Christkind kommt bald!

3. Bald ist heilige Nacht,
   Chor der Engel erwacht,
   hört nur, wie lieblich es schallt:
   Freue dich, Christkind kommt bald!

9

3 Vom beleidigten Fridolin

Auch heute braucht Sophie nicht zur Schule. Daran denkt sie, als sie aufwacht. Gut gelaunt wendet sie sich zum Grammophon und ruft: „Guten Morgen, alter Kasten! Hast du gut geschlafen?" Keine Antwort.

Sophie setzt sich auf die Bettkante und fragt: „Kannst du nicht mehr sprechen?" – „Doch, das kann ich", antwortet das Grammophon, „aber du warst gestern nicht gerade höflich zu mir. Du hast nicht einmal ‚Danke' gesagt. Da war deine Uroma freundlicher!"

Ach, du heiliger Notenschlüssel! Das Grammophon hatte recht. Für das wunderschöne Wecken gestern Morgen hatte es nicht mal ein klitzekleines Dankeschön gegeben und am Abend war Sophie grußlos und todmüde ins Bett gefallen.

„Entschuldige, liebes Grammophon", sagt Sophie kleinlaut, „wie kann ich das wiedergutmachen?" – „Ganz einfach: Du singst mit mir zusammen an diesem Sonntagmorgen mein liebstes Adventslied." – „Aber kenne ich das auch?", fragt Sophie. – „Bestimmt kennst du es", antwortet das Grammophon, „ihr habt es in der Schule gelernt."

„Übrigens, nenn mich nicht immer Grammophon", sagt das Grammophon. „Wie soll ich dich denn nennen? Hast du einen Namen?", möchte Sophie wissen. „Deine Uroma gab mir einen Namen." – „Und welchen?" – „Mein Name ist Fridolin Fröhlich, weil ich die Uroma in schweren und traurigen Stunden fröhlich machte."

Sophie klatscht vor Begeisterung in die Hände. Der Name gefällt ihr. „Nun nenn mir dein liebstes Adventslied, Fridolin Fröhlich", sagt sie. – „Es ist *O du fröhliche, o du selige …* ." – „Ja, das kenn ich", ruft Sophie, „spiel vor!"

Bald schallt das alte Lied *O du fröhliche* durch das ganze Haus, bis plötzlich die Eltern in der Tür stehen. Fridolin Fröhlich bricht sofort ab. „Nein was singst du schön am Sonntagmorgen", sagt die Mutter, „du singst zum Radio nicht wahr?" – „So ungefähr", redet sich Sophie heraus. „Aber unseretwegen brauchst du das Radio doch nicht abzuschalten", meint der Vater, „sing ruhig weiter." Das tun Sophie und Fridolin Fröhlich auch sogleich, als die Eltern gegangen sind.

O du fröhliche

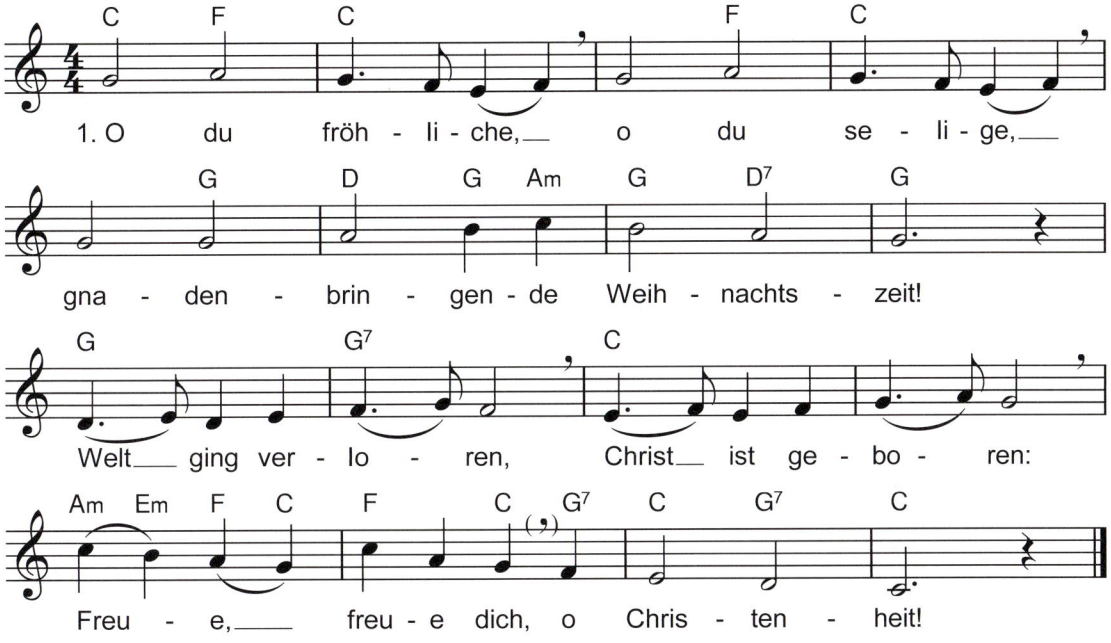

1. O du fröh - li - che, __ o du se - li - ge, __
gna - den - brin - gen - de Weih - nachts - zeit!
Welt __ ging ver - lo - ren, Christ __ ist ge - bo - ren:
Freu - e, __ freu - e dich, o Chris - ten - heit!

Text: Johann Daniel Falk (1768–1826), Heinrich Holzschuher (1798–1847),
Melodie: Johann Gottfried Herder (1744–1803)

2. O du fröhliche, o du selige,
   gnadenbringende Weihnachtszeit!
   Christ ist erschienen, uns zu versühnen:
   Freue, freue dich, o Christenheit!

3. O du fröhliche, o du selige,
   gnadenbringende Weihnachtszeit!
   Himmlische Heere jauchzen dir Ehre:
   Freue, freue dich, o Christenheit!

11

4 Ein Fahrrad macht Musik

Grauer Montag, blöder Schultag. Leider muss Sophie heut allein frühstücken. Vater geht immer um halb sieben und die Mutter musste heute auch schon früh aus dem Haus. Allein zu frühstücken, das macht keinen Spaß. Deshalb hudelt Sophie und trinkt nur ihre Milch.

Sophie fährt gern mit dem Rad zur Schule. Das fällt ihr heute leicht, denn der Schnee ist schon geschmolzen und der Fahrradweg befahrbar.

Sie packt Fridolin auf den Gepäckträger, dreht die Kurbel kurz nach rechts und befiehlt: „Mach dich unsichtbar!"

Auf dem Schulweg kommt sie jeden Tag am Kiosk des alten Anton vorbei. Die Leute nennen ihn Toni und auch Sophie darf Toni zu ihm sagen, denn Toni ist ihr Freund. Toni sieht ihr an, wenn sie nicht gefrühstückt hat und ruft schon von weitem: „Kleine Sophie, anhalten! Proviant mitnehmen!"

Neben Zeitungen und Zeitschriften verkauft Toni auch warme Getränke und belegte Brötchen. Er reicht Sophie ein Brötchen mit Käse. Sie hat ihr Fahrrad beim Kiosk in den Ständer gestellt und erzählt Toni von der tollen Schlittenfahrt.

Dann wird es Zeit. Sie muss weiter. Um acht Uhr beginnt die Schule. Sophie hat den Lenker schon in der Hand, da dreht sie sich um und fragt Toni: „Sag mal, was ist dein Lieblingslied im Advent?" Der lustige Toni überlegt nicht lange: „Das war immer *O Tannenbaum*." „Jetzt hör mal zu", sagt Sophie, „mein Fahrrad spielt für dich als Dankeschön *O Tannenbaum*!"

Toni fällt vor Staunen die Pfeife aus dem Mund, als Fridolin auf dem Gepäckträger loslegt. Dann strahlen seine Augen und er singt mit: „O Tannenbaum, o Tannenbaum, wie grün sind deine Blätter ..."

Toni ruft Sophie hinterher: „Dein Fahrrad kann gar keine Musik machen. Du hast einen CD-Player versteckt!" – „Gut geraten", schreit Sophie zurück. „Es ist mein Geheimnis. Aber dir werde ich es mal verraten."

O Tannenbaum

1. O Tan - nen-baum, o Tan - nen-baum, wie grün sind dei - ne Blät - ter. Du grünst nicht nur zur Som - mer - zeit, nein, auch im Win - ter, wenn es schneit. O Tan - nen-baum, o Tan - nen-baum, wie grün sind dei - ne Blät - ter.

Text / Melodie: überliefert

2. O Tannenbaum, o Tannenbaum,
   du kannst mir sehr gefallen.
   Wie oft hat doch zur Weihnachtszeit
   ein Baum von dir mich hoch erfreut.
   O Tannenbaum, o Tannenbaum,
   du kannst mir sehr gefallen.

3. O Tannenbaum, o Tannenbaum,
   dein Kleid will mich was lehren:
   Die Hoffnung und Beständigkeit
   gibt Trost und Kraft zu jeder Zeit.
   O Tannenbaum, o Tannenbaum,
   dein Kleid kann mich was lehren.

5 Was man von einem Lied alles lernt

Sophie und Fridolin sind unzertrennliche Freunde geworden. Heute nimmt sie Fridolin sogar mit in die Klasse und stellt ihn – natürlich unsichtbar – unter ihre Bank. Die Klassenlehrerin Frau Siebigs-Werner beginnt den Unterricht mit einer geheimnisvollen Andeutung: „Wir lernen heute das alte Advents-lied *O Heiland, reiß die Himmel auf*. Ihr werdet euch wundern, was uns dieses Lied alles erzählen kann." „Kenn ich!", flüstert Fridolin. „Psst, nicht so laut!", zischt Sophie.

„Ist was, Sophie?", fragt die Lehrerin. Dann erklärt sie den Kindern: Den Liedtext hat ein junger Graf geschrieben, der auch Priester und Dichter war. Er lebte zu einer schrecklichen Zeit, im längsten Krieg, den unser Land jemals erlebt hat. „Weiß jemand von euch, wie man diesen Krieg nennt?" – „Dreißig-jährigen Krieg", raunt Fridolin. Sophie meldet sich: „Das war der Dreißigjährige Krieg." Die Jungen und Mädchen in der Klasse staunen. Frau Siebigs-Werner lobt Sophie.

„Unser junger Priester und Dichter, er hieß Friedrich Spee, ist sehr jung gestorben, weil er Menschen, die an der Pest erkrankt waren, pflegte und sich dabei selbst ansteckte. Berühmter noch wurde er aber durch ein anderes Thema ..." – „Er war gegen die Ver-brennung von Hexen!", murmelt Fridolin erneut. „Die Hexenverbrennung!", ruft Sophie dazwischen. Die Lehrerin stutzt: „Woher weißt du das alles?" – „Ich weiß es eben", sagt Sophie.

„Ja, als die Leute durch Krieg und Krankheiten so viel leiden mussten, glaubten sie, sie seien verhext. Sie beschuldigten Frauen, Verbindungen zum Teufel zu haben. Diese Frau-en wurden dann verurteilt und auf dem Scheiterhaufen öffentlich verbrannt. Friedrich Spee hat ein dickes Buch geschrieben, in dem er nachweist, was für ein Unfug dieser Hexenglaube war.

Wenn ihr sein Lied singt", fährt Frau Siebigs-Werner fort, „spürt ihr die große Not dieser Zeit und die Hoffnung auf Hilfe durch Gott." Sophie denkt den ganzen Heimweg über Krieg, Pest und die Hexenverbrennung nach und ist froh, nicht im 17. Jahrhundert, son-dern in der heutigen Zeit zu leben.

O Heiland, reiß die Himmel auf

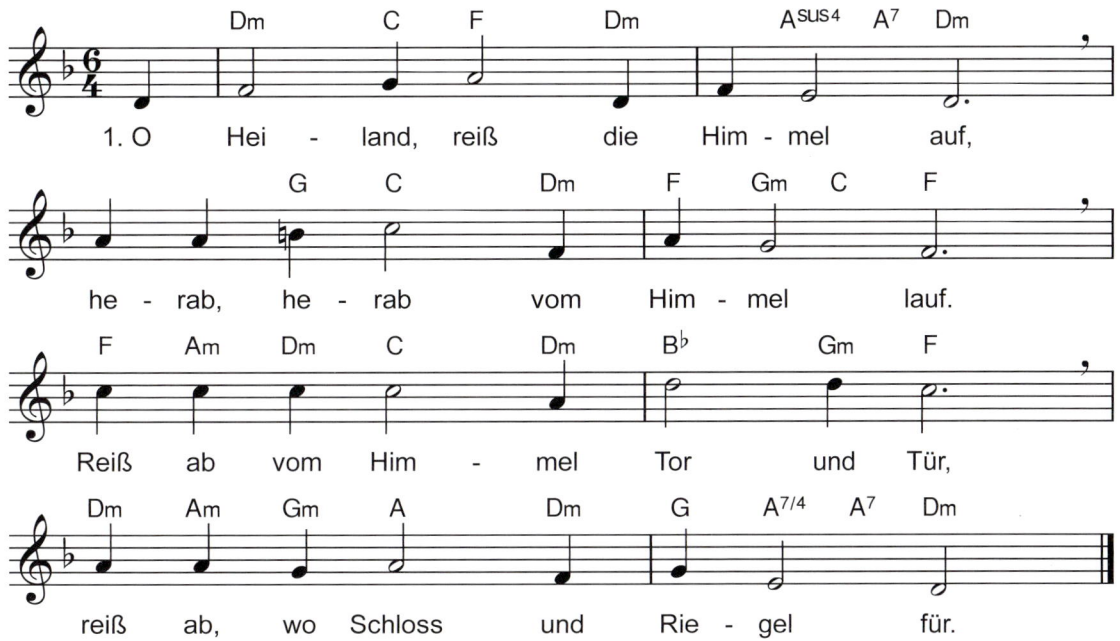

Text: Friedrich von Spee (1591–1635)
Melodie: überliefert

2. O Gott, ein' Tau vom Himmel gieß,
   im Tau herab, o Heiland, fließ.
   Ihr Wolken, brecht und regnet aus
   den König über Jakobs Haus.

3. O Erd, schlag aus, schlag aus, o Erd,
   dass Berg und Tal grün alles werd.
   O Erd, herfür dies Blümlein bring,
   o Heiland, aus der Erden spring.

15

6 Heut ist Nikolausabend da

Seit Tagen sagt Mutter, wenn Sophie irgendetwas angestellt hat: „Denk daran, der Nikolaus kommt bald." Und sei es nur eine klitzekleine Kleinigkeit.

Jetzt müsst ihr wissen: Der Nikolaustag am 6. Dezember ist in der Straße, in der Sophie mit ihren Eltern wohnt, immer ein Ereignis. Im Haus gegenüber wohnen Alexander und Petra, im Nachbarhaus Hannah, zwei Häuser weiter die Zwillinge Erik und David mit ihrer kleinen Schwester Julchen. Damit der Nikolaus nicht in jedes Haus kommen muss, haben die Eltern vereinbart, dass sich Jahr um Jahr reihum alle bei einer Familie versammeln. In diesem Jahr ist Sophies Familie dran.

Schon am Nachmittag läuft Sophie vor Aufregung von einem Zimmer ins andere. Am Abend sind alle im Wohnzimmer beieinander. Die erste Kerze am Adventsgesteck brennt. Haben denn die Erwachsenen keine Ehrfurcht vor dem Nikolaus? Sie unterhalten sich über Dinge, die nichts mit diesem außergewöhnlichen Tag zu tun haben. Die Kinder aber sitzen unbeweglich und voller Spannung auf ihren Stühlen. Still, hat da nicht jemand geklopft? Ein lautes Poltern an der Tür – der Nikolaus ist da!

Wie ein Bischof ist er gekleidet: mit einem roten Gewand, das bis zum Boden reicht, und einem Hut – ähnlich einer Tüte – auf dem Kopf. Sein weißer Bart fällt bis auf die Brust, die Augen schauen gütig. In der Hand hat er einen gebogenen Bischofsstab und unter dem Arm trägt er ein dickes Buch, das er umständlich aufschlägt.

„Sophie, komm mal zu mir!" Der Nikolaus liest vor, was ihm die Engel ins himmlische Buch mit dem goldenen Umschlag geschrieben haben: Sophie hat eine Tasse zerbrochen und behauptet, die Katze Tom sei es gewesen. Was der Nikolaus alles weiß! Mault Sophie wirklich immer, wenn die Eltern sagen: „Jetzt ist es mit dem Computerspielen genug!"? Er hat aber auch aufgeschrieben, dass Sophie ihr Geschirr immer selbst spült, wenn die Eltern nicht zu Hause sind, dass sie ihr Zimmer aufräumt und sogar manchmal ganz freiwillig den Müll rausbringt. Dafür bekommt sie eine große Tüte mit Lebkuchen und Schokolade.

Nacheinander ruft der Nikolaus Alexander, Petra, Hannah, Erik, David und das kleine Julchen auf. Sie alle werden ermahnt und gelobt und zum Schluss mit einer Tüte belohnt. Der Nikolaus klappt sein Buch zu. Er blickt über seine Brille und fragt die Kinder:

„Wollt ihr mir nicht ein Lied vorsingen?" Vor lauter Aufregung fällt ihnen kein Lied ein. Da schallt es laut aus Sophies Zimmer: *Lasst uns froh und munter sein …* Die Kinder singen mit. Nur Sophies Eltern schauen sich erstaunt an. In Sophies Zimmer steht zwar ein Grammophon, aber dafür gibt es doch keine Schallplatten mehr! „Merkwürdig", flüstert die Mutter. – Wir aber wissen, dass es Fridolin war, der alles mit anhörte und das Lied spielte.

Lasst uns froh und munter sein

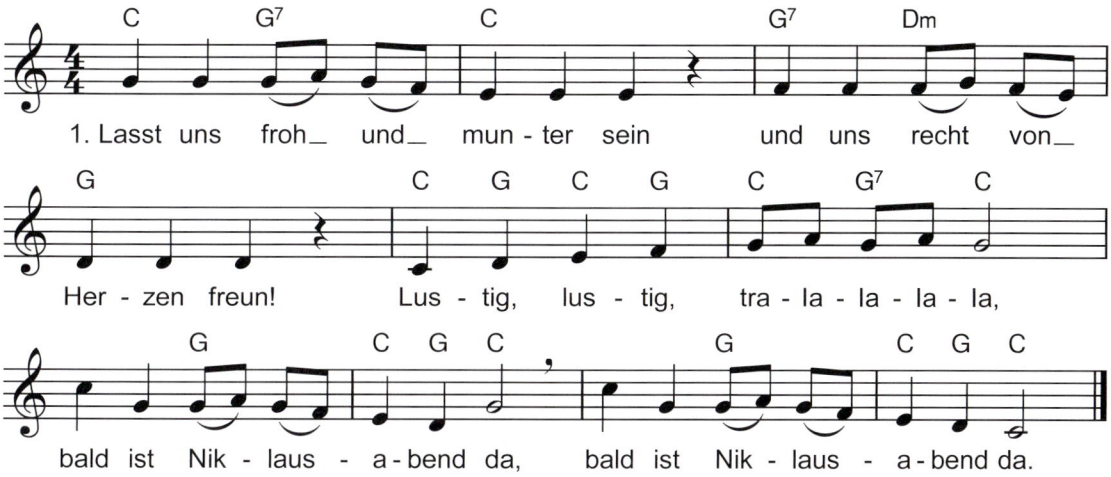

1. Lasst uns froh_ und_ mun - ter sein und uns recht von_ Her - zen freun! Lus - tig, lus - tig, tra - la - la - la - la, bald ist Nik - laus - a - bend da, bald ist Nik - laus - a - bend da.

Text / Melodie: aus dem Hunsrück überliefert

2. Dann stell ich den Teller auf,
   Niklaus legt gewiss was drauf.
   Lustig, lustig …

3. Wenn ich schlaf, dann träume ich:
   Jetzt bringt Niklaus was für mich.
   Lustig, lustig …

4. Wenn ich aufgestanden bin,
   lauf ich schnell zum Teller hin.
   Lustig, lustig …

5. Niklaus ist ein guter Mann,
   dem man nicht genug danken kann.
   Lustig, lustig …

7 Fridolin, der Störenfried im Unterricht

Warum müssen alte Schulen immer so nah an Kirchen gebaut sein? – Sophie hat sich an den viertelstündigen Schlag der Kirchturmuhr so sehr gewöhnt, dass sie ihn regelmäßig überhört. Selbst beim Mittagsläuten horcht sie nur kurz auf. Nicht aber Fridolin, der unsichtbar unter ihrer Schulbank steht. Kaum setzt Punkt zwölf das Mittagsläuten ein, spielt er ohne Vorwarnung das Lied *Kling, Glöckchen, klingelingeling*. Und das, als die Klasse aufmerksam einem Hörspiel lauscht.

Sophie wird starr vor Schreck. Erst als Fridolin unbeirrt weiterspielt, gibt ihm Sophie einen energischen Schubs mit dem Fuß. Sofort bricht die Melodie ab. Die Kinder halten sich die Bäuche vor Lachen.

„Wer war das?" Die Stimme von Frau Siebigs-Werner klingt ungewöhnlich streng. Sie scheint sehr verärgert. „Wer von euch hat sein Handy an und lässt Musik laufen?" Niemand meldet sich. „Das ist sehr schade", sagt Frau Siebigs-Werner enttäuscht. „Aber unter diesen Umständen müssen wir das Hörspiel abbrechen."

Protestierendes Gemurmel in der Klasse. „Fast alle von uns haben mit der Störung nichts zu tun", sagt zaghaft der Klassensprecher. „Dann sollen der oder die sich melden, die damit zu tun haben", entgegnet die Lehrerin. Sophie bekommt ein schlechtes Gewissen. Soll Fridolin allen das spannende Hörspiel verderben? Sie steht auf und sagt: „Ich war es." Frau Siebigs-Werner schaut überrascht: „Du, Sophie? Und womit hast du die Musik gemacht?" – „Mit meinem Grammophon", antwortet Sophie. „Dann zeig mir mal dein Grammophon." – „Kann ich nicht, es ist unsichtbar." Die Klasse lacht schallend.

„Das ist ziemlich unglaubwürdig", sagt Frau Siebigs-Werner. „Ich denke, ich werde einmal mit deinen Eltern reden müssen."

Am Nachmittag grübelt Sophie, wie sie es verhindern kann, dass ihre Klassenlehrerin die Eltern zum Elterngespräch einlädt und sie dann womöglich ihr Geheimnis verraten muss. Doch als ihr Blick auf Fridolin fällt, der schon wieder *Kling, Glöckchen, klingelingeling* vor sich hin spielt, muss Sophie lachen.

Kling, Glöckchen, klingelingeling

F
1. Kling, Glöck-chen, klin-ge-lin-ge-ling, **C⁷** kling, Glöck-chen, **F** kling!

C **F** **C** **C⁷** **F**
Lasst mich ein, ihr Kin - der, ist so kalt der Win - ter,

G⁷ **C** **Dm** **C G** **G⁷** **C**
öff - net mir die Tü - ren, lasst mich nicht er - frie - ren!

F **C⁷** **F**
Kling, Glöck-chen, klin-ge-lin-ge-ling, kling, Glöck-chen, kling!

Text: Karl Enslin (1814–1875) / Melodie: überliefert

2. Kling, Glöckchen …
   Mädchen, hört, und Bübchen,
   macht mir auf das Stübchen,
   bring euch milde Gaben,
   sollt euch dran erlaben.
   Kling, Glöckchen …

3. Kling, Glöckchen …
   Hell erglühn die Kerzen,
   öffnet mir die Herzen,
   will drin wohnen fröhlich,
   frommes Kind, wie selig.
   Kling, Glöckchen …

8 Wie Fridolin seinen Trichter verliert

Der Fahrradständer auf dem Schulhof fasst mehr als 200 Räder. Warum muss Sophie ihr Fahrrad ausgerechnet am äußersten Ende – zum Spielgelände hin – parken? Da ihre Klasse heute nur zwei Stunden Unterricht hat, muss Fridolin auf dem Gepäckträger bleiben.

Fridolin wird es unbehaglich, als er in der Pause die Jungen mit dem Fußball kommen sieht. Als sie zu bolzen beginnen, überfällt ihn Angst. Mehrmals knallt der Ball in die Fahrräder hinein. Einige fallen um. Dann ist es passiert. Fridolin verspürt einen fürchterlichen Schlag und fällt in Ohnmacht. Mit voller Wucht hat ihn der Ball getroffen.

Nach der Unterrichtsstunde schwingt sich Sophie auf ihr Rad und fährt direkt nach Hause. In Vaters Garage hat ihr Rad seinen festen Platz. Sie tastet nach Fridolins Kurbel und dreht sie leicht nach links. Fridolin wird sichtbar. Aber wie! Sophie muss sich mit beiden Händen am Lenker abstützen, sonst wäre sie vor Schreck hingefallen. Tränen treten ihr in die Augen, denn Fridolin baumelt wie leblos im Gepäckträger. Sein Trichter ist nach hinten abgebogen und hängt nur noch an einem schmalen Stück Metall.

Behutsam trägt Sophie den Freund auf ihr Zimmer. Fridolin scheint sich langsam zu erholen. Sophie erkennt es daran, dass sich der abgeknickte Trichter leicht zu bewegen beginnt. Seine Augen hält Fridolin aber noch geschlossen. „Komm, spiel etwas, ich singe dazu", flüstert Sophie. – Hat Fridolin etwa mit dem Trichter genickt?

Fridolin bleibt stumm. Jetzt singt Sophie: „Alle Jahre wieder kommt das Christuskind ..." Endlich kommt Leben in das Grammophon. Zunächst hört Sophie nur ein Knarren und Krächzen. Dann erklingt so etwas wie die Melodie von *Alle Jahre wieder*, gefolgt von einem traurigen Schnarren.

Sophie wirft sich weinend aufs Bett. Nach einer Weile aber steht sie auf, wischt die Tränen aus ihrem Gesicht und trällert: „Alle Jahre wieder ... " Ihr ist eine rettende Idee gekommen!

Welche Idee das ist, erfährst du in der nächsten Geschichte.

Alle Jahre wieder

1. Al - le Jah - re wie - der kommt das Chris-tus - kind
auf die Er - de nie - der, __ wo wir __ Men-schen sind.

Text: Wilhelm Hey (1789–1854)
Melodie: Friedrich Silcher (1789–1860)

2. Kehrt mit seinem Segen
   ein in jedes Haus,
   geht auf allen Wegen
   mit uns ein und aus.

3. Steht auch mir zur Seite
   still und unerkannt,
   dass es treu mich leite
   an der lieben Hand.

9 Wie Toni Fridolin repariert

Sophies rettende Idee heißt Toni. Früher als sonst ist sie heute mit dem Rad unterwegs. Als sie sich dem Kiosk nähert, auf dem – ganz neu – in großen Leuchtbuchstaben „Antons Feinkost-Terrasse" geschrieben steht, ruft ihr Toni zu: „Hallo Sophie, spielst du mir mit deinem musikalischen Fahrrad wieder ein Lied vor?"

Sophie stellt das Rad ab und sagt traurig: „Geht leider nicht." Sie erzählt Toni die ganze Geschichte: Wie sie das Grammophon fand, dass es sprechen und Musik machen kann und dass es Fridolin heißt.

„So viel ‚Phantasie mit Schneegestöber' hab ich noch selten gehört", knurrt Toni. „Zeig mal deinen Fridolin." Sophie geht zum Fahrrad, sucht nach Fridolins Kurbel, dreht sie kurz nach links und hört Toni rufen: „Dreimal schwarzer Kater, das gibt's doch nicht!"

Auf dem Gepäckträger steht, nein liegt ein erbärmlich zugerichtetes Grammophon. Der abgebogene Trichter hängt wie ein lang gezogener Hals fast bis in die Speichen. Sophie kommen wieder die Tränen. „Weine nicht", sagt Toni, „es ist kein Kunststück, den zu reparieren." – „Und wie willst du das machen?", schluchzt Sophie. „Ich löte die angebrochenen Stellen und biege dir den Trichter wieder zurecht. Du wirst sehen, der wird wie neu."

Anschließend fährt Sophie in die Schule. Ob sie da auch nur eine einzige Sekunde aufgepasst hat? Mehrmals muss Frau Siebigs-Werner sie ermahnen: „Du bist mit deinen Gedanken ganz woanders, Sophie. Träumst du schon von Weihnachten? Das dauert noch zwei Wochen." Die Klasse lacht. Sophie denkt tatsächlich ununterbrochen an Fridolin Fröhlich, der derzeit gar nicht fröhlich ist. Sie kann einfach nicht anders. Ob Toni es schafft?

Kaum ertönt zum Ende der letzten Stunde der Gong, da ist Sophie auch schon durch die Tür, auf dem Gang, die Treppen hinunter, auf ihrem Fahrrad – und weg. „Willst du bei der Tour de France mitfahren?", ruft Erik ihr nach.

Toni hat das Grammophon auf die Theke mit den Zeitschriften gestellt. Der frisch polierte Trichter leuchtet Sophie schon von weitem entgegen. Man sieht überhaupt nicht mehr, wo er angebrochen war. Sophie fällt Toni um den Hals: „Danke, danke, du bist mein bester Freund!" Der alte Anton lächelt: „Ich denke, Fridolin ist dein bester Freund. Und jetzt spielt mir mal *Jingle Bells*, das hör ich so gern."

Aber, o weh! Fridolin spielt nicht, sondern hustet. Er hat wohl noch kleine Eisenstücke im Hals. „Das Lied ist wahrscheinlich zu neu", vermutet Sophie, „das kennt er nicht." – „Ich kenne es sehr wohl", sagt Fridolin. *Jingle Bells* ist fast 150 Jahre alt und war ursprünglich gar kein Weihnachtslied."

Dann versucht er es ein zweites Mal. Es klappt: Fridolin spielt und Sophie singt dazu. Die Leute bleiben stehen und hören den Straßenmusikanten zu.

Jingle Bells

G   **H⁷**   **C**

1. Dash-ing through the snow in a one-horse o-pen sleigh,

Am   **D⁷**   **G**

o'er the fields we go, laugh-ing all the way.

H   **C**

Bells on bob-tail ring, laugh-ing spi-rits bright, what

Am   **D**   **Am**   **D⁷**   **G**   **D⁷**

fun it is to ride and sing a sleigh-ing song to-night! Oh!

G   **C**

Jin-gle bells, jin-gle bells, jin-gle all the

G   **Am**   **D**   **G**   **Em**

way. Oh, what fun it is to ride in a

1. **A⁷**   **D**   2. **D**   **G**

one-horse o-pen sleigh. Oh! one-horse o-pen sleigh.

Text / Melodie: James Lord Pierpont (1822–1893)

2. A day or two ago I thought I'd take a ride,
   and soon Miss Fanny Bright was seated by my side.
   The horse was lean and lank, misfortune seemed his lot,
   he got into a drifted bank and we, we got upsot. Oh!
   Jingle bells …

3. Now the ground is white, go it while you're young;
   take the girls tonight, and sing this sleighing song.
   Just get a bobtailed bay, two-forty for his speed,
   then hitch him to an open sleigh, and crack, you'll take the lead. Oh!
   Jingle bells …

10 Zimtsterne und Pfeffernüsse

Es gibt Tage, auf die sich die Kinder ein ganzes Jahr lang freuen. Heute ist solch ein Tag. Mutter hat sich den Nachmittag freigenommen und bleibt zu Hause. „Wir backen für das Christkind", hat sie gestern Abend gesagt.

Zuerst gehen Sophie und ihre Mutter einkaufen. Dazu brauchen sie nicht mal ein Auto, denn ganz in der Nähe gibt es einen Großmarkt. Ihr Einkaufskorb füllt sich bald mit Mehl und Milch, mit Zucker und Eiern, mit Schokolade, Honig und Zitronat, mit Zimt, Nüssen, Rosinen, Mandeln und allem, was man zum Plätzchenbacken braucht.

Wieder daheim, wird zuerst der Teig gerührt. Das ist nicht so spannend, aber Sophie darf mal naschen. Viel mehr Spaß macht es, den Teig zu kneten und auf der Tischplatte auszurollen. Mutter summt dabei das Lied *In der Weihnachtsbäckerei*. Als sie sieht, wie sich Mehl und Teigspritzer über das Gesicht und den Pullover von Sophie verteilen, obwohl sie eine Schürze trägt, singt Mutter fröhlich: „Zwischen Mehl und Milch / macht so mancher Knilch / eine riesengroße Kleckerei / in der Weihnachtsbäckerei."

„Mutti, bist du gemein!", ruft Sophie und lacht dabei. Bald darauf kann sie sich rächen. Mutter hat ihre Rezeptesammlung verlegt, die noch von der Uroma stammt und mit der Hand geschrieben ist. Sophie singt: „Wo ist das Rezept geblieben / von den Plätzchen, die wir lieben? / Wer hat das Rezept verschleppt?"

Das Rezeptbuch ist wirklich weg. Aber das ist kein Problem. Sophie und Mutter erfinden neue Plätzchen und stechen Formen aus: Sterne, die den Weisen aus dem Morgenland den Weg zur Krippe zeigten; Kamele, auf denen die Sterndeuter ritten; Engel, die den Hirten die Nachricht von der Geburt des Christkindes brachten; Schafe, Hirtenhunde – und noch vieles mehr.

Bald bräunt hinter der Scheibe des Backofens knuspriges Gebäck und herrlicher Plätzchenduft erfüllt die Küche. Sophie kann es kaum erwarten, bis Mutter die Plätzchen herausholt. „Sei vorsichtig, sie sind noch heiß!", sagt die Mutter. „Und iss nicht zu viele, sonst bekommst du Bauchweh." Mutter packt einige abgekühlte Plätzchen in bunte Papiertüten. „Für die alten Menschen im Seniorenzentrum", sagt sie.

Wo aber ist Fridolin? Er langweilt sich in Sophies Zimmer und hört fortwährend durch alle Türen das Lied *In der Weihnachtsbäckerei*, das er nicht spielen kann, weil es ein neues Lied ist. Als Sophie am Abend in ihr Zimmer kommt, muss sie es Fridolin beibringen. Sophie singt es so oft, bis Mutter den Kopf durch die Türe steckt und sagt: „Jetzt ist aber Schluss! Es wird geschlafen!" – „Ich kann das Lied", flüstert Fridolin und spielt leise die Melodie. Sophie schläft darüber selig ein.

In der Weihnachtsbäckerei

Text / Melodie: Rolf Zuckowski
© Mit freundlicher Genehmigung MUSIK FÜR DICH Rolf Zuckowski OHG, Hamburg

mf C   Dm

1. Wo ist das Re - zept ge - blie - ben von den Plätz - chen,

G

die wir lie - ben? Wer hat das Re - zept ver -

C

schleppt?   Instr.   Na, dann müs - sen wir es pa - cken,

Dm   G

ein - fach frei nach Schnau - ze ba - cken. Schmeißt den O - fen

C   G   *f*

an und ran!   In der

D.S. al Fine

2. Brauchen wir nicht Schokolade,
   Honig, Nüsse und Sukkade
   und ein bisschen Zimt?
   Das stimmt!
   Butter, Mehl und Milch verrühren,
   zwischendurch einmal probieren
   und dann kommt das Ei – vorbei!

3. Bitte mal zur Seite treten,
   denn wir brauchen Platz zum Kneten.
   Sind die Finger rein?
   Du Schwein!
   Sind die Plätzchen, die wir stechen,
   erst mal auf den Ofenblechen,
   warten wir gespannt – verbrannt!

11 Fridolin leiht Sophie seine Stimme

Es wird Zeit, für die Weihnachtsfeier in der Schule zu üben. Die Aufgaben sind verteilt: Ältere Kinder proben ein Musikstück, andere Klassen Gedichte. Sophies Klasse soll ein Lied singen. Sie üben es in der Musikstunde mit Frau Niedermeyer. Die Musiklehrerin möchte, dass alle Kinder mitsingen – auch die, die meinen, sie könnten nicht singen, obwohl das gar nicht stimmt.

„Jeder Mensch ist eigentlich musikalisch und fast jeder mag Musik und singt auch gerne", ermuntert die Lehrerin. Frau Niedermeyer hat das Lied *Engel lassen laut erschallen* ausgesucht. In manchen Büchern heißt es auch *Hört, der Engel helle Lieder* oder *Engel auf den Feldern singen.*

„Der Unterschied", erklärt Frau Niedermeyer, „kommt daher, dass es ein französisches Volkslied ist und von verschiedenen Leuten ins Deutsche übersetzt wurde. Jedenfalls ist trotz unterschiedlicher Strophentexte bei allen Varianten der lateinische Refrain gleich und der hat es in sich: Glo-ho-ho-ho-ho-ho … / ho-ho-ho-horia in excelsis Deo. Auf Deutsch heißt das: Ehre sei Gott in der Höhe."

Aber sing dieses Gloria mal im Chor und dann noch, wenn du Halsschmerzen und einen scheußlichen Husten hast – wie Sophie heute! Frau Niedermeyer bricht ab: „Das klingt noch nicht ganz wie Engelsgesang", sagt sie und blickt in die Runde. Schuld ist Sophie. Die anderen Kinder schauen schon zu ihr herüber.

Plötzlich zischt Fridolin unter der Bank: „Beweg nur den Mund, ich singe für dich!" – „Wir versuchen es noch einmal", sagt Frau Niedermeyer. Und auf einmal wird die Gruppe durch einen wunderbaren und klaren Gesang unterstützt.

„Großartig", sagt Frau Niedermeyer. „Warst du das mit der klaren Stimme, Sophie?" – „Nein, sie hat gar nicht mitge…", will Erik rufen, der in der Bank hinter ihr sitzt. Da hält ihm David den Mund zu: „Alter Petzer!" Die beiden müssen etwas gemerkt haben …

Engel lassen laut erschallen

1. En - gel las - sen___ laut er - schal - len
Tau - send - fach die___ Ber - ge hal - len

ü - berm___ Land den___ Lob - ge - sang.
wi - der___ ih - ren___ Sang und Klang.

Glo - - o - - o - - - ri - a

in ex - cel - sis De - o! De - - o!

Deutscher Text: Heinz Cammin / Melodie: aus Frankreich überliefert

2. Und es künden ihre Lieder
   allen Menschen in der Nacht:
   Gottes Sohn stieg heut hernieder,
   hat das Himmelslicht gebracht.
   Gloria …

29

12 Sophie überrascht ihre Freunde

Haben sie was gemerkt? Haben sie nichts gemerkt? Den ganzen Abend grübelt Sophie, ob Erik und David irgendeine Ahnung von Fridolin haben. Sehen konnten sie ihn in der Musikstunde nicht, denn er war ja unsichtbar. Bestimmt haben sie was gehört. Sophie fragt Fridolin, was sie tun soll. „Erzähl deinen Freunden von mir", sagt er, „vielleicht können wir mit ihnen noch ein paar nette Sachen machen."

Am nächsten Morgen braust Sophie wie immer mit dem Rad auf den Schulhof. Sie traut ihren Augen nicht. Da sitzen auf der Mauer Erik und David und Alexander und Petra. Sie sitzen aber nicht einfach nur da, nein, sie öffnen und schließen den Mund wie Fische, ohne einen Laut von sich zu geben.

„Was soll das denn bedeuten? Ist euch nicht gut?", fragt Sophie. „Das weißt du besser als wir", sagt David. „Wo hast du den CD-Player versteckt?" – „Hier!", ruft Sophie und dreht mit der Hand die Kurbel von Fridolin leicht nach links. Vor ihnen steht Fridolin – einfach hergezaubert. „Abrakadabra!", sagt Sophie, dreht die Kurbel nach rechts und verschwunden ist das Grammophon. Da ertönt der Gong zur ersten Stunde. „In der großen Pause erkläre ich euch alles", ruft Sophie, „aber bitte nichts sagen!"

Wie eine Verschwörung sieht es aus: In der Pause hocken unsere Freunde in einer Ecke des Schulhofs beisammen. Sophie erzählt ihnen von Fridolin, wie sie ihn gefunden hat und was er alles kann. Sie geben ihr das große Ehrenwort, dieses Geheimnis keinem zu verraten. Sophie lädt alle ein, am Nachmittag zu ihr nach Hause zu kommen, denn sie hat eine Idee ...

Seit zwei Jahren macht Sophie vor Weihnachten einen Besuch im Seniorenzentrum Luisenstift. Dort leben Frau Schmittke, die Oma von Alexander und Petra, Frau Bohnen und Herr Schade, der immer so kerzengerade geht, weil er mal ein Oberst bei den Soldaten war. Ihnen bringt sie Mutters selbst gebackene Plätzchen. Warum sollen ihre Freunde nicht mitgehen, um den alten Leuten gemeinsam ein Lied vorzusingen?

Sophies Freunde sind einverstanden und Erik schlägt vor: *Es ist ein Ros entsprungen.* „Passend dazu bringen wir jedem eine Rose mit", sagt Petra, „ich besorge sie." Und dann üben sie sogar noch ein weiteres Lied. Welches? Das wird noch nicht verraten.

Es ist ein Ros entsprungen

1. Es ist ein Ros ent - sprun - gen
wie uns die Al - ten sun - gen,

aus ei - ner_____ Wur - zel zart,
von Jes - se_____ kam die Art

und hat ein Blüm - lein bracht mit - ten im kal - ten

Win - ter, wohl zu der_____ hal - ben Nacht.

Text / Melodie: überliefert (16. Jahrhundert)

2. Das Röslein, das ich meine,
davon Jesaja sagt,
hat uns gebracht alleine
Marie, die reine Magd;
aus Gottes ewgem Rat
hat sie ein Kind geboren,
wohl zu der halben Nacht.

3. Das Blümelein so kleine,
das duftet uns so süß;
mit seinem hellen Scheine
vertreibt's die Finsternis:
Wahr' Mensch und wahrer Gott,
hilft uns aus allem Leide,
rettet von Sünd und Tod.

13 Der Besuch im Luisenstift

Das Luisenstift hat eine Empfangshalle wie ein Hotel. Hinter der großen Theke steht ein Mann in Uniform. Das ist der Empfangschef. „Hallo, Sophie", sagt der Mann. „Die Herrschaften erwarten dich schon auf dem Zimmer des Herrn Oberst. Du bist diesmal nicht allein?" – „Ich habe meine Freunde mitgebracht", sagt Sophie. „Wir wollen gemeinsam ein Lied singen." – „Brav, brav", sagt der Mann, „du weißt ja, wo das Zimmer ist."

„Brav, brav", äfft ihn Petra nach, als sie schon an der Treppe sind. „Woher kennt er dich?" – „Ich bin öfter mit meiner Mutter hier", antwortet Sophie. Sie trägt den Korb mit den Plätzchen. Petra hat tatsächlich die Rosen nicht vergessen.

Zimmer 19 auf der ersten Etage. Oma Schmittke ist richtig glücklich, weil ihre Enkel Alexander und Petra da sind. Herr Schade und Frau Bohnen sitzen erwartungsvoll in ihren Ohrensesseln. Die Kinder stellen sich auf und singen gemeinsam das Lied *Es ist ein Ros entsprungen*. Selbstverständlich hat Sophie auch Fridolin mitgebracht, diesmal sichtbar: groß und stattlich. Fridolin ersetzt fast ein ganzes Orchester: Die Geigen säuseln, Trompeten schmettern, Posaunen dröhnen. Die Stimmen der Kinder werden beinahe übertönt.

„Phänomenal!", sagt Herr Schade, als das Lied zu Ende ist. Frau Bohnen ist zu Tränen gerührt. Die Kinder überreichen die Rosen. Sophie gibt allen dreien eine Tüte Plätzchen.

Nun folgt die Überraschung: Sophie schlingt sich ein blaues Tuch um den Kopf und wirft sich einen blauen Umhang von Mutter über. David setzt sich einen alten Filzhut auf und zieht den Wintermantel seines Opas an. Sophie ist Maria und David ist Joseph. Sie führen ein kleines Krippenspiel auf. Sophie beginnt: „Joseph, lieber Joseph mein / hilf mir wiegen mein Kindelein …" David antwortet: „Gerne, liebe Maria mein / helf ich dir wiegen dein Kindelein …" – Dann setzen die anderen ein, begleitet von Fridolin: „Freu dich nun, du christlich Schar …"

Einen Augenblick ist Stille. Dann klatschen die alten Leute. „Einen so schönen Adventsnachmittag hatte ich lange nicht mehr", sagt Oma Schmittke. „Phänomenal", sagt Herr Schade. Jedes Kind bekommt zur Belohnung zwei Euro. „Alte Leute sollte man öfter besuchen", meint Erik, als sie die Treppe hinuntersteigen.

Joseph, lieber Joseph mein

Maria: 1. Jo - seph, lie - ber Jo - seph mein, hilf mir wie - gen mein Kin - de - lein! Gott, der wird dein Loh - ner sein im Him - mel-reich, der Jung - frau Sohn Ma - ri - a.

Text / Melodie: überliefert

Joseph:

2. Gerne, liebe Maria mein,
   helf ich dir wiegen dein Kindelein!
   Gott, der wird mein Lohner sein
   im Himmelreich, der Jungfrau Sohn Maria.

Knecht:

3. Freu dich nun, du christlich Schar!
   Gott, der Himmelskönig klar,
   macht uns Menschen offenbar,
   den uns gebar die reine Magd Maria.

14 Fahrrad geklaut – Fridolin weg

Das weiß doch jedes Kind: Man lässt kein Fahrrad unverschlossen vor einem Kaufhaus stehen. Erst recht nicht, wenn ein wertvolles altes Grammophon auf dem Gepäckträger steht. Sophie hat wohl noch nie etwas von Fahrraddieben gehört. ‚Ich bin ja gleich wieder da', sagt sie sich, als sie nach der Schule ein paar Hefte kaufen will. Den Rest könnt ihr euch denken. Als Sophie zurückkommt, ist ihr Fahrrad weg.

Ein Fahrrad kann man ersetzen, aber einen Fridolin nicht. Sophie hockt verzweifelt vor dem Eingang des Kaufhauses. Passanten versuchen, sie zu trösten. Vergeblich. Schließlich kommt der Geschäftsführer, ein netter Mann. Er hört sich an, was ihm Sophie schluchzend erzählt, und ruft die Polizei.

Wachtmeister Füllenbach schreibt alles auf, auch wenn er nicht so ganz versteht, welche Rolle ein unsichtbares Grammophon namens Fridolin bei diesem Diebstahl spielt.

Sophie hat Glück, dass wenig später Thomas Siepenrath auftaucht, um neue Sticker zu kaufen. Der trommelt sie alle zusammen: Alexander und Petra, Erik und David. Sogar Hannah ist dabei. Die Kinder machen einen Plan und teilen sich die Straßen der Stadt auf. Jeder fährt mit seinem Rad ein bestimmtes Stadtviertel ab. Vielleicht hat der Dieb das Fahrrad ja irgendwo abgestellt. Sophie soll zu Fuß die Gegend rund um das Kaufhaus erkunden. Punkt drei Uhr wollen sie sich wieder vor dem Eingang treffen.

Sophie wartet voller Ungeduld. Einer nach dem anderen kehrt zurück. Ohne Ergebnis. Sophies Fahrrad bleibt verschwunden. Auf einmal schreit David: „Ich hab's! Wir kriegen den Dieb!" – „Was hast du?", fragt Petra. „Eine Idee! Eine Idee!", ruft David. Es ist wirklich eine gute Idee: Spielt Fridolin nicht unerwartet eine Melodie, wenn er an sie erinnert wird? Wird er nicht *Süßer die Glocken nie klingen* spielen, wenn sie ohne Pause ihre Fahrradklingeln bedienen? „Nein, das reicht nicht", sagt Sophie, „es müssen schon richtige Glöckchen sein."

Die Kinder legen ihr Taschengeld zusammen und kaufen kleine Glöckchen, von denen es in der Weihnachtsabteilung des Kaufhauses eine reiche Auswahl gibt. Hannah ist so nett und leiht Sophie ihr Rad.

Natürlich bleiben die Leute stehen, als sie das Gebimmel hören, während die Kinder an ihnen vorbeibrausen. Manche lächeln, manche schütteln den Kopf, andere schimpfen. In der Rubensstraße passiert es. „Halt!", ruft Sophie. Die Reifen quietschen. Dann hören sie es alle. Hinter dem Haus Nr. 23 spielt Fridolin *Süßer die Glocken nie klingen*, und zwar so laut er kann.

Ein junger Mann will gerade Sophies Fahrrad besteigen, steht aber starr vor Schreck, weil er nicht begreifen kann, dass ein Gepäckträger Weihnachtslieder erklingen lässt. Die Kinder umstellen ihn, die Nachbarn rufen die Polizei, der Dieb wird zur Wache geführt, dann ist der Spuk vorbei. Sophie bedankt sich bei allen – und besonders bei David für die gute Idee. Auf dem Weg nach Hause spielt Fridolin unentwegt *Süßer die Glocken nie klingen*.

Süßer die Glocken nie klingen

1. Sü - ßer die Glo - cken nie klin - gen
als zu der Weih - nachts - zeit,
grad als ob En - ge - lein sin - gen
wie - der von Frie - den und Freud.

Text: F. Wilhelm Kritzinger (1816–1890)
Melodie: überliefert

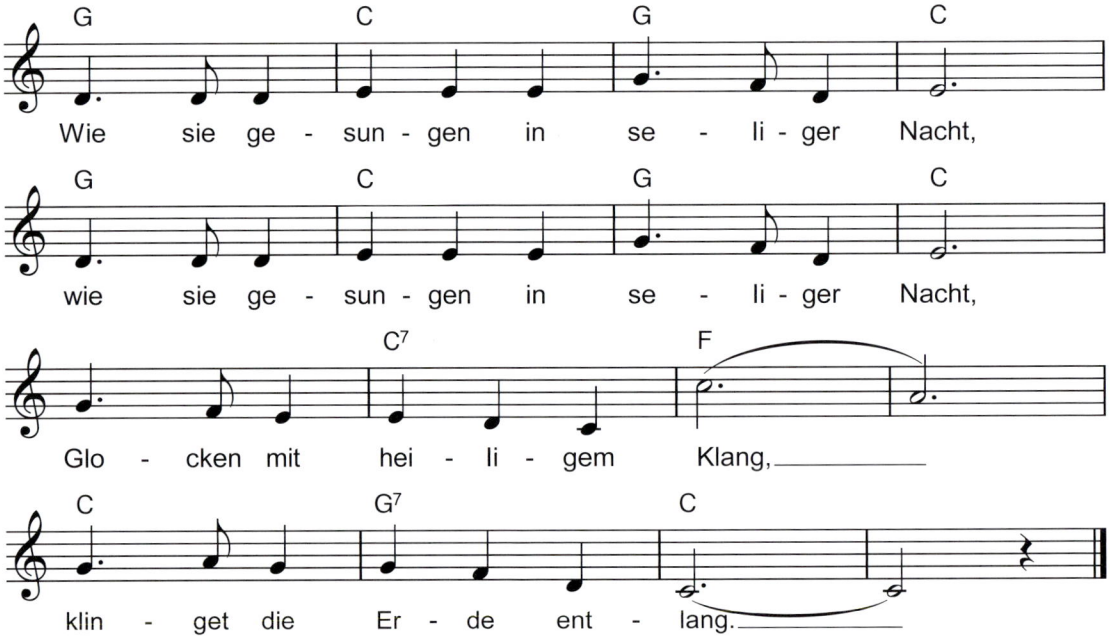

Wie sie ge - sun - gen in se - li - ger Nacht,

wie sie ge - sun - gen in se - li - ger Nacht,

Glo - cken mit hei - li - gem Klang,_____

klin - get die Er - de ent - lang._____

2. O, wenn die Glocken erklingen,
   schnell sie das Christkindlein hört,
   tut sich vom Himmel dann schwingen
   eilig hiernieder zur Erd.
   Segnet den Vater, die Mutter, das Kind,
   segnet den Vater, die Mutter, das Kind,
   Glocken mit heiligem Klang,
   klinget die Erde entlang.

3. Klinget mit lieblichem Schalle
   über die Meere noch weit,
   dass sich erfreuen doch alle
   seliger Weihnachtszeit.
   Alle jauchzen mit frohem Gesang,
   alle jauchzen mit frohem Gesang.
   Glocken mit heiligem Klang,
   klinget die die Erde entlang.

15 Sophie weiht die Eltern in ihr Geheimnis ein

Könnt ihr euch denken, warum Sophie zu Hause kein Sterbenswörtchen über den Diebstahl ihres Fahrrads verliert? Denkt mal nach. Wenn sie davon erzählen würde, müsste sie auch erklären, wie der Dieb gefasst wurde, und das geht nicht ohne den Hinweis auf Fridolin. Sophie müsste ihr Geheimnis verraten.

Am Abend sitzen sie alle im Wohnzimmer. Vater schaut Fußball im Fernsehen, aber er hat den Apparat leise gestellt, weil Mutter in einem Buch liest. Sophie malt Namenskärtchen für den Gabentisch an Weihnachten, damit das Christkind weiß, wo es die Geschenke hinlegen soll.

Es klingelt an der Haustür. Wer kann das so spät noch sein? „Erwartest du Besuch?", fragt Mutter den Vater. Der schüttelt den Kopf und Mutter geht zur Tür. Man hört eine Männerstimme brummen, dazwischen immer wieder Mutter: „Keine Ahnung, keine Ahnung." Sie ruft: „Sophie, komm doch mal!"

O Schreck, in der Tür steht Wachtmeister Füllenbach. „Guten Abend", stottert Sophie. „Guten Abend, Sophie", grüßt der Polizeibeamte. „Warum hast du uns nicht gesagt, dass dein Fahrrad gestohlen wurde?", fragt die Mutter. „Es ist doch wieder da", flüstert Sophie.

Jetzt kommt auch Vater hinzu: „Dein Fahrrad wurde gestohlen? Guten Abend, Herr Wachtmeister." – „Ich komme nur vorbei, um eine Aussage zu klären. Hast du nicht von einem Grammophon gesprochen, Sophie? Irgendwas von einem Fridolin? Der Beschuldigte aber streitet ab, ein Grammophon gestohlen zu haben." – „Nein, wir vermissen kein Grammophon", sagt Vater schnell, weil er merkt, wie sehr Sophie in Verlegenheit ist. Wachtmeister Füllenbach entschuldigt sich für die Störung und geht zu seinem Auto.

Was jetzt im Wohnzimmer folgt, könnt ihr euch sicher vorstellen. Vater und Mutter wollen alles wissen und Sophie erzählt – von Anfang an.

„Großmutter und Urgroßmutter haben ihr Grammophon tatsächlich Fridolin genannt", erinnert sich Mutter, „wenn die das wüssten!" Die Eltern sind glücklicherweise nicht böse. „Nun hol schon deinen Fridolin!", sagt Vater. „Wir zünden drei Kerzen am Adventsgesteck an und singen ein Lied."

Sophie stellt Fridolin auf den Tisch. Neugierig betrachten ihn die Eltern. „Was wollen wir denn singen?", fragt Sophie. „Nach diesen Erlebnissen kommt wohl nur *Was soll das bedeuten?* infrage", meint Vater. Sie singen gemeinsam das Lied.

„Das Lied hat noch nie so schön geklungen." Da ist sich Sophie sicher. Und der Vater meint lachend: „Fridolin hat wohl ein ganzes Orchester in sich versteckt!"

Was soll das bedeuten?

1. Was_ soll das be - deu - ten, es_ ta - get ja_ schon,
ich_ weiß wohl, es_ geht erst um_ Mit - ter - nacht

rum. Schaut nur_ da - her, schaut nur_ da -

her, wie_ glän - zen die_ Stern - lein je_ län - ger, je mehr.

Text / Melodie: aus Schlesien überliefert (18. Jahrhundert)

2. Treibt z'sammen, treibt z'sammen die Schäflein fürbass,
   treibt z'sammen, treibt z'sammen, dort zeig ich euch was:
   Dort in dem Stall, dort in dem Stall
   werd't Wunderding sehen, treibt z'sammen einmal.

3. Ich hab nur ein wenig von weitem geguckt,
   da hat mir mein Herz schon vor Freuden gehupft:
   Ein schönes Kind, ein schönes Kind
   liegt dort in der Krippe bei Esel und Rind.

4. Ein herziger Vater, der steht auch dabei,
   ein' wunderschöne Jungfrau kniet auch auf dem Heu.
   Um und um singt's, um und um klingt's:
   Man sieht ja kein Lichtlein, so um und um brinnt's.

5. So gehet und nehmet ein Lämmlein vom Gras
   und bringet dem schönen Christkindlein etwas!
   Geht nur fein sacht, geht nur fein sacht,
   auf dass ihr dem Kindlein kein Unruh nicht macht!

16 Einen Fridolin kann man nicht einfach ausleihen

Schon drei Tage lang hat David gedrängt und Sophie ist standhaft geblieben. „Bitte", sagt David, „bitte, nur einmal." Er möchte Fridolin ausleihen, um in der Familie einen Adventsabend mit Musik zu gestalten. Erst als David sie daran erinnert, dass Sophie ohne seine Idee ihr Fahrrad nicht zurückbekommen hätte, gibt sie nach.

David hat es einfach. Er braucht Fridolin nur ein paar Häuser weiter zu transportieren, denn die Schoppings wohnen ja in der gleichen Straße. Mit seinem Bruder Erik hat er einen kleinen Adventskranz gebastelt und vom Taschengeld rote Kerzen dafür gekauft. Für die Schoppings ist so etwas neu. Sie haben noch nie einen Adventsabend gefeiert.

„Na, dann mal los", sagt der Vater, als alle am Tisch sitzen, drei Kerzen brennen und das Grammophon vor ihnen steht. „An einem Adventsabend wird gesungen", sagt David, „und unser Grammophon Fridolin kennt alle Lieder auswendig. Fridolin kann sogar sprechen. Nicht wahr, Fridolin?" Kein Ton. Fridolin schweigt. „Ja, ja", spottet Vater, „das Grammophon redet wie ein Buch."

„Aber ich kann Fridolin unsichtbar machen", sagt David schon etwas zaghafter. „Kann er wirklich!", ruft Erik. „Schaut her", sagt David, „ich drehe die Kurbel ein wenig nach rechts ..." Nichts passiert, nur die Federung in Fridolins Bauch knirscht ein wenig. „Jetzt aber Schluss mit dem Quatsch!", ruft der Vater. Er packt das Grammophon und stellt es auf die Fensterbank. Mutter beginnt leise zu singen: „Ihr Kinderlein, kommet, o kommet doch all!" Oma Lieschen, David und Erik singen mit, dann fällt auch der Vater mit seinem tiefen Bass ein. Bei der dritten Strophe verhaspeln sie sich. Keiner kennt den Text genau.

Da geschieht das Wunder. Von der Fensterbank erklingt Musik. Fridolin hat anscheinend einen ganzen Chor mitgebracht: „Da liegt es, das Kindlein, auf Heu und auf Stroh, Maria und Joseph betrachten es froh ..." Die Schoppings singen noch viele Adventslieder an diesem Abend und immer werden sie von Fridolin begleitet.

„Warum hat er mich denn anfangs so blamiert?", fragt David, als er Fridolin zu Sophie zurückbringt. „Er ist doch kein dressierter Affe", sagt Sophie. „Da hast du auch wieder recht", gibt David zu.

Ihr Kinderlein, kommet

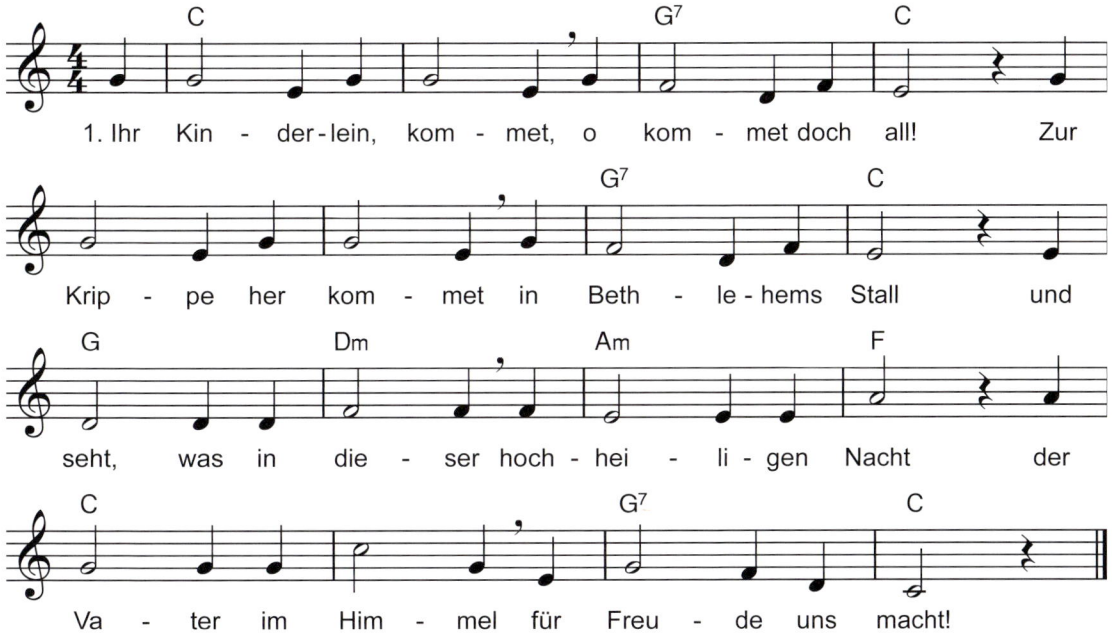

16

1. Ihr Kin - der-lein, kom - met, o kom - met doch all! Zur Krip - pe her kom - met in Beth - le - hems Stall und seht, was in die - ser hoch - hei - li - gen Nacht der Va - ter im Him - mel für Freu - de uns macht!

Text: Christoph von Schmid (1768–1854)
Melodie: Johann Abraham Peter Schulz (1747–1800)

2. O seht in der Krippe im nächtlichen Stall,
   seht hier bei des Lichtleins hell glänzendem Strahl
   den lieblichen Knaben, das himmlische Kind
   viel schöner und holder, als Engelein sind!

3. Da liegt es, das Kindlein, auf Heu und auf Stroh,
   Maria und Joseph betrachten es froh.
   Die redlichen Hirten knien betend davor,
   hoch oben schwebt jubelnd der Engelein Chor.

17 Fridolin legt sich mit einer Drehorgel an

Sophie liebt den Weihnachtsmarkt. An allen Samstagen im Advent, wenn Mutter frei hat und es nicht regnet, schlendern die beiden durch die Budengassen. Welch herrliche Gerüche – so eine Mischung aus Lebkuchen, Spekulatius und Printen! Sophie schnuppert den Duft schon von weitem. Vor allem aber haben es ihr die bunten Figuren, die Nussknacker und Spieluhren aus dem Erzgebirge angetan. Daran kann sie sich nicht satt sehen.

Auch nach der Schule fährt Sophie häufig mit dem Rad am Weihnachtsmarkt vorbei. Heute hält sie an und steigt ab. Am Rand des Marktes steht eine Gruppe von Menschen um einen Mann mit einer Drehorgel herum. Sophie ist neugierig. Als sie näher kommt, hört sie, was die Drehorgel gerade spielt: *Kommet, ihr Hirten.*

Was ist das!? Sophie erschrickt beinahe zu Tode! Stellt euch vor, ohne jede Vorwarnung schreit Fridolin: „Falsch! Das tut einem ja in den Ohren weh!" Die Leute drehen sich um. Der Drehorgelmann hört auf zu spielen. Sophie bekommt einen knallroten Kopf. „Was ist falsch, kleines Fräulein?", fragt der Mann. Er kann Fridolin ja nicht sehen. Mit hoher Stimme ruft Fridolin: „Erstens spielst du das Lied nicht im Dreivierteltakt und zweitens steht es in Dur und nicht in Moll!"

Sophie steht weit genug entfernt, sodass die Leute glauben, sie habe gerufen. „Dann sing das Lied mal richtig, kleines Fräulein", lacht der Drehorgelspieler. „Sagen Sie nicht immer kleines Fräulein zu mir. Ich heiße Sophie", ruft Sophie. „Ja, sing mal, Sophie", rufen jetzt auch einige Leute.

„Wie in der Schule!", flüstert Fridolin. „Ich singe und du bewegst den Mund, klar?" Fridolin muss eine Opernsängerin in seinem Kasten haben, so klar perlt die Melodie über den Platz. Die Leute klatschen begeistert und legen Geld auf Sophies Schultasche.

Selbstverständlich gibt Sophie das Geld dem Drehorgelmann. „Du hast eine wunderschöne Stimme, Sophie", sagt er zu ihr. „Wir könnten zusammen auftreten. Ich orgele und du singst." – „Lernen Sie erst mal richtig orgeln!", lacht Sophie und radelt davon.

Kommet, ihr Hirten

Alle: 1. Kom - met,__ ihr__ Hir - ten,__ ihr__ Män - ner__ und__
Kom - met,__ das__ lieb - li - che__ Kind - lein__ zu__

Fraun, Chris - tus, der Herr, ist heu - te ge - bo - ren, den Gott zum Hei - land
schaun,

euch hat er - ko - ren: Fürch - tet__ euch__ nicht!

Text: Carl Riedel (1827–1888)
Melodie: aus Böhmen überliefert

Hirten:

2. Lasset uns sehen in Bethlehems Stall,
was uns verheißen der himmlische Schall.
Was wir dort finden, lasset uns künden,
lasset uns preisen in frommen Weisen:
Halleluja!

Alle:

3. Wahrlich, die Engel verkündigen heut
Bethlehems Hirtenvolk gar große Freud.
Nun soll es werden Friede auf Erden,
den Menschen allen ein Wohlgefallen:
Ehre sei Gott!

18 Fridolin und das Krippenspiel

Heute Nachmittag hat Sophie Jugendgruppenstunde in der Kirchengemeinde. Seit einigen Wochen schon proben sie für das diesjährige Krippenspiel. Sophie freut sich schon sehr auf die Aufführung.

Bei der Rollenverteilung hat sie sich für den Verkündigungsengel gemeldet. Sie liebt ihr Engelskostüm: Es ist aus weißem glänzenden Stoff mit silbernen Flügeln. Und auf dem Kopf trägt Sophie einen goldenen Heiligenschein. Sie wird das Lied *Vom Himmel hoch* singen – und zwar solo, also ganz allein.

Sven, der Gruppenleiter, hat den Kindern zu allen Liedern, die im Krippenspiel vorkommen, einiges erzählt. *Vom Himmel hoch* ist eines der bekanntesten Lieder von Martin Luther, dem Kirchenreformator. Er hat es 1535 vermutlich für die Weihnachtsbescherung seiner eigenen Kinder getextet und komponiert. Das Lied beschreibt die Szene, in dem der Verkündigungsengel den Hirten auf dem Feld die gute Botschaft von der Geburt des Jesuskindes überbringt.

Heute ist Generalprobe. Sophies Mutter bringt sie ausnahmsweise mit dem Auto zur Gruppenstunde, da es draußen regnet und stürmt. In letzter Minute hat Sophie noch unbemerkt Fridolin auf die Rückbank gestellt, denn er sollte nicht allein zu Hause bleiben. Im Autoradio erklingt *Jingle Bells* und Sophie singt fröhlich den Refrain mit: „Jingle bells, jingle bells, jingle all the way …"

Vor dem Gruppenraum angekommen steigt Sophie aus dem Auto, klemmt sich den unsichtbaren Fridolin unter den Arm und summt weiter: „Jingle bells …" Das Lied ist ein richtiger Ohrwurm.

Im Probenraum haben sich schon alle Kinder in ihren Kostümen versammelt und begrüßen Sophie. Da gibt es Hirten, den Wirt und Maria und Joseph. Alle sind aufgeregt. Rasch zieht sich auch Sophie ihr Kostüm an und stellt Fridolin hinter den Bühnenvorhang.

Sophies Auftritt ist gleich zu Anfang. Mit schwingenden Armbewegungen kommt sie als Verkündigungsengel auf die Bühne. Sophie öffnet den Mund, um „Vom Himmel hoch, da komm ich her ..." zu singen, doch – oh Schreck – sie hat nur noch die Melodie von *Jingle Bells*, dem Ohrwurm aus dem Autoradio, im Kopf. *Vom Himmel hoch* ist aus ihrem Kopf wie weggeblasen. Sie beginnt – und bricht ab. Sie probiert es noch einmal – ohne Erfolg. Jetzt wird ihr ganz heiß.

In dem Moment erklingt hinter dem Vorhang ganz leise die Melodie von *Vom Himmel hoch*. Sophie stimmt sofort erleichtert ein und singt mit sicherer Stimme: „Vom Himmel hoch, da komm ich her, ich bring euch gute neue Mär ..." – Die Generalprobe wird ein voller Erfolg und Sven lobt die ganze Gruppe für ihren Einsatz. „Wir sehen uns am Sonntag. Toi, toi, toi!", ruft er den Kindern beim Verabschieden zu.

Wieder zu Hause umarmt Sophie ihren Fridolin: „Danke, dass du mir geholfen hast! Ich verspreche dir, auf dem Weg zur Aufführung kein Autoradio mehr zu hören. Und du darfst mich natürlich auch wieder begleiten!"

Vom Himmel hoch

Text / Melodie: Martin Luther (1459–1530)

2. Euch ist ein Kindlein heut geborn
   von einer Jungfrau auserkorn,
   ein Kindelein so zart und fein,
   das soll eur Freud und Wonne sein.

3. Es ist der Herr Christ, unser Gott,
   der will euch führn aus aller Not,
   er will eur Heiland selber sein,
   von allen Sünden machen rein.

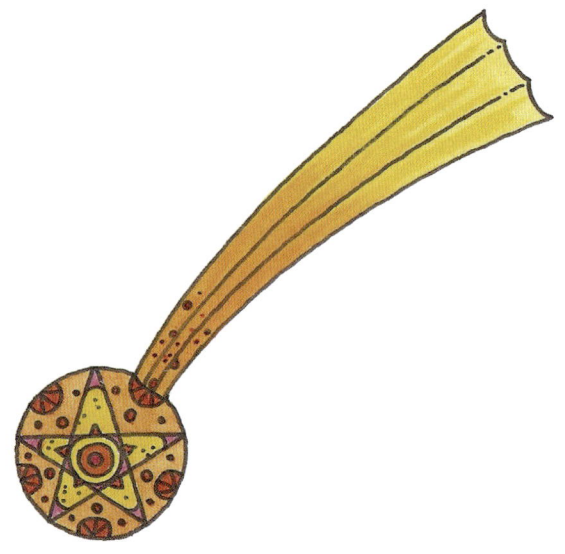

19 Ein Hilferuf aus der Garage

Wenn Mutter am späten Nachmittag von der Arbeit nach Hause kommt, sieht man ihr die Müdigkeit an. Am liebsten lässt sie sich in den Sessel fallen und streckt alle viere von sich. – Nun denkt aber nur nicht: Bei Sophie muss es aber schmutzig sein, wenn dort nie jemand sauber macht! Dafür sorgt Ursula. Sie putzt zweimal in der Woche vormittags. Ursula war schon Haushaltshilfe in der Familie, bevor Sophie auf die Welt kam.

Jetzt, so kurz vor Weihnachten, ist Ursula täglich da. Sie macht gründlichen Hausputz, vom Dachboden bis zum Keller. Selbstverständlich kommt auch Sophies Zimmer an die Reihe. Da sie nach der Schule zur Ballettstunde muss, hat Sophie ihren Fridolin heute zu Hause gelassen.

Ursula hat das alte Grammophon noch nie gesehen. „So ein hässliches Ding", murmelt sie. „Der Kasten verkratzt, die Nadel abgebrochen, die Kurbel verbogen, der Trichter gelötet. Den hat Sophie bestimmt vom Sperrmüll. Was vom Sperrmüll kommt, gehört wieder auf den Sperrmüll!" Ursula packt den entsetzten Fridolin und schleppt ihn in die Garage. Da gibt es eine sogenannte Sperrmüllecke für Sachen, die nicht mehr gebraucht werden.

Damit Sophie sich nicht ärgert, will Ursula ihr etwas Gutes tun. Sie geht in den Garten und schneidet einige Zweige von der Silberfichte ab. Die stellt sie in einer Vase auf Fridolins Platz. Richtig adventlich sieht das aus. Ursula ist stolz auf ihre Idee.

Gegen vier Uhr kommt Sophie nach Hause. Sie lehnt eilig das Rad an die Hauswand, schließt die Haustür auf, stürmt in ihr Zimmer und ruft fröhlich: „Hallo, Fridolin, jetzt singen wir …"

Mitten im Satz bricht sie ab. Statt Fridolin stehen grüne Zweige auf dem Tisch. Sophie setzt sich aufs Bett und denkt nach. Wo kann Fridolin sein? Gestohlen? Nein, wer stiehlt schon ein altes Grammophon! Hat sie etwas angestellt? Wollen ihr die Eltern einen Denkzettel verpassen? Aber die waren doch schon weg, als sie selbst aus dem Haus ging. Ursula! Nur Ursula kann wissen, wo Fridolin ist.

Sophie will gerade aufs Rad springen, um zu Ursula zu fahren, da erklingt aus der Garage leise Musik: *We Wish You a Merry Christmas.* Fridolin! – Fridolin will auf sich aufmerksam machen und wünscht fröhliche Weihnachten.

Sophie ist überglücklich und gibt ihrem Fridolin einen dicken Kuss auf den Trichter. Sie stellt ihn wieder auf seinen Platz im Zimmer. Den Adventsstrauß lässt sie neben ihm auf dem Tisch stehen. Jetzt sieht es aus, als ob Fridolin Geburtstag hätte.

We Wish You a Merry Christmas

Text / Melodie: aus England überliefert

2. Now bring us some figgy pudding,
   now bring us some figgy pudding,
   now bring us some figgy pudding,
   please bring it right here.
   Good tidings …

3. We won't go until we get some,
   we won't go until we get some,
   we won't go until we get some,
   so bring it right now.
   Good tidings …

4. We wish you a Merry Christmas,
   we wish you a Merry Christmas,
   we wish you a Merry Christmas,
   and a happy New Year.
   Good tidings …

20 Das große Bibelquiz

Der Musikunterricht bei Frau Niedermeyer macht Spaß, denn sie weiß zu allen Liedern viel zu erzählen. Heute kommt sie in die Klasse und fragt: „Wer von euch kennt das Lied *Lobt Gott, ihr Christen, alle gleich*?" Sophie kennt es nicht.

Die Kinder erfahren, dass ein Nikolaus Herman dieses sehr alte Lied Mitte des 16. Jahrhunderts geschrieben hat. Nikolaus Herman muss ein bedeutender Mann gewesen sein. Viele Kinder- und Erzähllieder stammen von ihm. Sehr oft hat er Bibeltexte in seinen Liedern verwendet.

„Auch im Lied *Lobt Gott, ihr Christen, alle gleich* ist ein Bibeltext verborgen", sagt Frau Niedermeyer, „und zwar in der dritten Strophe." Diese heißt: „Er äußert sich all seiner G'walt / wird niedrig und gering / und nimmt an sich eins Knechts Gestalt, / der Schöpfer aller Ding."

Die Kinder sollen nun Bibeldetektive spielen und bis morgen herausfinden, um welche Bibelstelle es sich handelt. Frau Niedermeyer gibt einen Tipp: Der Text steht im Neuen Testament, und zwar in den Briefen der Apostel.

Fridolin hat keine Ahnung und kann nicht helfen. Er wackelt traurig mit seinem Trichter. Länger als eine Stunde sucht Sophie im ganzen Haus nach der Bibel. Da gab es doch mal eine! Schließlich findet sie Omas Bibel in der Kommode auf dem Dachboden. Aber sie kann doch unmöglich alle Briefe der Apostel an die Römer, die Epheser, die Korinther oder die Kolosser lesen. Auch die Eltern können nicht weiterhelfen. „Frag doch mal den Pfarrer", sagt Vater, „der muss es wissen."

Sophie greift zum Telefon. „So auf Anhieb kann ich das auch nicht sagen", meint der Pfarrer, „aber ich ruf dich gleich wieder an." Nach einigen Minuten klingelt tatsächlich das Telefon. „Hast du eine Bibel vor dir, Sophie?", fragt der Pfarrer. „Dann schau mal im Brief an die Philipper nach, und zwar im zweiten Kapitel die Verse sechs bis acht." Sophie bedankt sich.

Oh weh, sind diese Sätze schwer zu verstehen! Gott ist durch Jesus – seinen Sohn – ein Mensch geworden und ließ sich sogar von den Menschen ans Kreuz schlagen. So steht es auch im Lied. Sophie kann es kaum erwarten, Frau Niedermeyer die Lösung zu bringen.

Lobt Gott, ihr Christen, alle gleich

20

1. Lobt Gott, ihr Chris-ten, al - le__ gleich in sei - nem höchs-ten
Thron, der heut schließt auf sein Him - mel - reich und
schenkt uns_ sei - nen Sohn und schenkt uns_ sei - nen Sohn.

Text / Melodie: Nikolaus Herman (1480–1561)

2. Er kommt aus seines Vaters Schoß
   und wird ein Kindlein klein,
   er liegt dort elend, nackt und bloß
   in einem Krippelein, in einem Krippelein.

3. Er äußert sich all seiner G'walt,
   wird niedrig und gering
   und nimmt an sich eins Knechts Gestalt,
   der Schöpfer aller Ding, der Schöpfer aller Ding.

4. Heut schließt er wieder auf die Tür
   zum schönen Paradeis;
   der Cherub steht nicht mehr dafür,
   Gott sei Lob, Ehr und Preis!
   Gott sei Lob, Ehr und Preis!

51

21 Enttäuschung im Internet

Eigentlich hätte der heutige Nachmittag richtig lustig werden können, denn Sophie hat Besuch von ihrem Cousin Marc und ihrer Cousine Marie. Marc geht in die vierte, Marie sogar schon in die sechste Klasse. Aber es kann keine lustige Stimmung aufkommen, denn Sophie denkt nur an Fridolin. Warum wohl wollte Ursula ihren Freund auf den Sperrmüll tun? Wenn man sich das Grammophon so anschaut, wie kaputt, verkratzt und verbeult es ist, kann man es wohl für Sperrmüll halten. Gibt es denn eigentlich keinen Ersatz für die Kurbel, die Nadeln und all die vielen kaputten Teile?

Sophie hat eine Idee. „Im Wohnzimmer steht Vaters Computer. Wir können ja mal im Internet nachschauen, ob es dort vielleicht Ersatzteile für Grammophone gibt?", schlägt Sophie den anderen beiden vor.

Sophie hat allerdings ein dickes Problem. Sie kommt nicht ins Internet, denn sie kennt das Passwort nicht. Aber Marie weiß Sophie zu helfen. Sie probiert alles Mögliche aus. Mal versucht sie es mit dem Geburtsnamen von Sophies Mutter, mal mit dem Vornamen ihrer Tante. Kein Glück. Schließlich tippt sie den Namen: S-O-P-H-I-E ein. Peng, schon ist sie drin! Sophies Vater benutzt ihren Namen als Code. Ist das nicht schön?

Rasch gelangen die Kinder zu eBay und staunen, was dort alles verkauft wird. Das Stichwort „Grammophon" führt Marie zu über 100 Grammophonen. „Es müssen doch welche dabei sein, die man für Fridolin ‚ausschlachten' kann ", wirft Sophie in die Runde. „Ja, solche gibt es auch, doch bei den Preisen wird es einem fast übel", meldet sich Marc.

Sophie schaltet enttäuscht den Computer ab und gemeinsam gehen sie zurück in Sophies Zimmer. Fridolin heitert sie ein wenig auf. Sie singen gemeinsam *Morgen, Kinder, wird's was geben*.

Bald wird's in der Tat was geben! Kaum sind Sophies Eltern zu Hause, ruft ihr Vater: „Wer war an meinem Computer?" Sophie hat zwar den Computer ausgeschaltet, aber nicht den Bildschirm. Da glimmt immer noch ein kleines Lämpchen. Leugnen hilft nichts. Sophie erzählt alles. Die Eltern schauen sich dabei so seltsam an, was Sophie sich nicht recht erklären kann …

Morgen, Kinder, wird's was geben

21

1. Mor - gen, Kin - der, wird's was_ ge - ben, mor - gen_ wer - den wir uns freun! Welch ein Ju - bel, welch ein_ Le - ben wird in_ un - serm Hau - se sein! Ein - mal wer - den wir noch wach, hei - ßa, dann ist Weih - nachts - tag!

Text: Philipp von Bartsch (1770–1833) / Melodie: überliefert

2. Wie wird dann die Stube glänzen
   von der großen Lichterzahl!
   Schöner als bei frohen Tänzen
   ein geputzter Kronensaal.
   Wisst ihr noch, wie vor'ges Jahr
   es am Heilgen Abend war?

3. Welch ein schöner Tag ist morgen!
   Viele Freude hoffen wir;
   unsre lieben Eltern sorgen
   lange, lange schon dafür.
   O gewiss, wer sie nicht ehrt,
   ist der ganzen Lust nicht wert.

22 Vom rotnasigen Rentier Rudolph

Frau Niedermeyer lässt die Klasse raten: „Welches Weihnachtslied für Kinder ist auf der Welt am weitesten verbreitet?" Einige meinen *Jingle Bells*, andere *In der Weihnachtsbäckerei*. Da flüstert Fridolin wieder mal Sophie zu: „*Rudolph, the Rednosed Reindeer.*" Sophie spricht es völlig falsch aus, denn sie kann noch nicht so gut Englisch. Doch Frau Niedermeyer sagt: „Richtig, Sophie: *Rudolph, das Rentier mit der roten Nase.*"

„Am letzten Tag vor den Weihnachtsferien", sagt Frau Niedermeyer, „will ich euch erzählen, wie dieses Lied entstanden ist. Es ist eine sehr schöne Geschichte, die ins Jahr 1939 zurückgeht.

Damals gab es in Amerika eine Kaufhauskette, die hieß Montgomery Ward. Im Montgomery-Kaufhaus der Stadt Chicago ist Robert L. May angestellt. Er schreibt Geschichten und Gedichte für Kinder. Seine Chefs geben Robert nun den Auftrag, eine kleine Weihnachtsgeschichte für ein Malbuch zu schreiben, das sie als Geschenk an alle Kunden verschicken wollen. Robert ist 34 Jahre alt und wurde als Kind gehänselt, weil er eher klein, schmal und schüchtern war.

Wohl deshalb fällt Robert L. May die Geschichte vom kleinen Rentier ein, das auch gehänselt wird und nicht mit den anderen Rentieren spielen darf, weil es eine Nase hat, die weithin glänzt. Aber dann geschieht es: An einem sehr nebligen Weihnachtsabend kommt der Nikolaus zu dem Rentier und sagt: ‚Deine Nase leuchtet so schön, willst du nicht meinen Schlitten ziehen?' So wird das kleine Rentier, das die anderen verachten, überall bekannt.

Roberts vierjährige Tochter Barbara ist von der Geschichte begeistert, die Chefs im Kaufhaus aber sagen: ‚Das kommt nicht infrage. Eine leuchtend rote Nase haben doch nur Clowns! So etwas passt nicht in ein Weihnachtsmärchen.'

Robert lässt sich nicht entmutigen. Er weiß von Barbara, was Kinder lieben. Mit seinem Freund, dem Zeichner Denver Gillen, geht er in den Zoo. Denver malt ein Rentier, so süß und schnuckelig, dass selbst die strengen Chefs begeistert sind. Und Robert schreibt seine Geschichte in Versen. Sie wird bis zum Jahre 1946 sechs Millionen Mal gedruckt. Robert L. May hat leider nichts davon. Da er im Kaufhaus angestellt ist, bekommt er trotz des großen Erfolgs keinen Cent. Im Gegenteil, er wird sehr arm, weil er für seine kranke Frau teure Medikamente kaufen muss.

Im Jahre 1947 wird Sewell Avery Präsident der Kaufhauskette Montgomery. Er hat Mitleid mit Robert und gibt ihm die Rechte an Rudolph, dem rotnasigen Rentier. Als dann noch Roberts Schwager Johnny Marks die Melodie zum Text schreibt, läuft das Lied um die ganze Welt und Robert L. May wird endlich sehr reich.

Jetzt habe ich aber genug erzählt", sagt Frau Niedermeyer. „Nun singen wir das Lied." Sie spielt ein paar Takte auf dem Klavier und die ganze Klasse stimmt begeistert ein.

Rudolph, the Rednosed Reindeer

Words and Music by Johnny Marks
© 1949 Saint Nicholas Music Inc
Chappell Music Ltd, London, W8 5DA
Reproduced by permission of Faber Music Ltd
All Rights Reserved.

F				Em7		A7

Then one fog - gy Christ - mas Eve,

Dm7		G7		C		

San - ta came to say:_____

G						G#°

„Ru - dolph, with your nose so bright,

Am7		D7		G		G7

won't you guide my sleigh to - night?"__

C						

Then how the rein - deer loved him_____

				G7		

as they shout - ed out with glee:_____

Dm7		G7		Dm7		G7

„Ru - dolph, the red - nosed rein - deer,_____

Dm7		G7		C		

you'll go down in his - to - ry!"_____

23 Weihnachten ohne Fridolin?

Es stimmt, was in einem Weihnachtsgedicht steht: „In der Nacht vor dem Heiligen Abend, / da liegen die Kinder im Traum, / sie träumen von schönen Sachen und von dem Weihnachtsbaum."

Als Sophie aufwacht, denkt sie nicht an langweilige Schulstunden und an Schularbeiten. Vor sich sieht sie den Weihnachtsbaum, an dem die Kerzen flackern, sie sieht die glücklichen Eltern und Fridolin, der alle Weihnachtslieder spielt, die er jemals gelernt hat. „Nicht wahr, Fridolin?", fragt Sophie und dreht sich zum Tischchen um, wo das Grammophon steht.

So schnell war Sophie noch nie aus dem Bett. Das Tischchen ist leer, Fridolin ist wieder weg, futschikato, verschwunden. „Mutti! Vati!", schreit Sophie, „kommt schnell, kommt her, schnell, schnell, schnell!" Die Eltern laufen vom Frühstückstisch herbei. „Was ist? Wo brennt's?", ruft der Vater. Stumm deutet Sophie auf das Tischchen. Sie hat Tränen in den Augen. „Fridolin ist schon wieder weg! So kurz vor Weihnachten!", schluchzt Sophie. Mutter nimmt sie in den Arm. „Ihn hat bestimmt das Christkind geholt", sagt sie, „weil er bei Kindern Musik machen soll, die viel ärmer und trauriger sind als du."

Als ob sich Sophie damit trösten könnte! Beim Frühstück kriegt sie keinen Bissen herunter. Den ganzen Morgen streicht sie durchs Haus, sucht in jedem Zimmer. Fridolin ist nicht zu finden. Sophie setzt sich ins Wohnzimmer und krault den Kater Tom, den sie in letzter Zeit sehr vernachlässigt hat – wegen Fridolin. „Weißt du denn nicht, wo Fridolin ist?", fragt sie Tom. „Du stromerst doch den ganzen Tag und die halbe Nacht herum." Tom antwortet mit einem leisen „Miau".

„Lenk dich ein bisschen ab", sagt die Mutter am Nachmittag. „Schau dir eine Sendung im Kinderkanal an." Sophie aber schaltet bald ab. Schließlich öffnet sie alle Türchen an ihrem Adventskalender, die sie bisher vergessen hatte, und pult die Schokolade heraus. „Iss nicht zu viel davon", warnt die Mutter, „sonst wird dir noch schlecht."

Am Abend singen die Eltern mit Sophie das Lied *Morgen kommt der Weihnachtsmann*. Sie kann sich aber gar nicht freuen. Ohne Fridolin macht ihr das Singen keinen Spaß!

Morgen kommt der Weihnachtsmann

23

Mor-gen kommt der Weih-nachts-mann, kommt mit sei-nen Ga - ben.

Bun - te Lich - ter, Sil - ber - zier, Kind mit Krip - pe, Schaf und Stier,

Zot - tel - bär und Pan -ther - tier möcht ich ger - ne ha - ben.

Text: Heinrich Hoffmann von Fallersleben (1798–1874)
Melodie: aus Frankreich überliefert (17. Jahrhundert)

2. Bring uns, lieber Weihnachtsmann,
bring auch morgen, bringe
eine schöne Eisenbahn,
Bauernhof mit Huhn und Hahn,
einen Pfefferkuchenmann,
lauter schöne Dinge.

24 Eine schöne Bescherung

Der Heilige Abend beginnt anders als sonst. Früher ist Sophie immer mit einem erwartungsvollen Kribbeln im Bauch aufgewacht. Heute hat sie das Gefühl, als zögen sie Wackersteine – wie beim bösen Wolf im Märchen – ins Bett zurück. Sie mag nicht aufstehen. Mutter bringt Sophie das Frühstück ans Bett, streichelt ihr übers Haar und sagt: „Gewiss hat das Christkind den Fridolin gebraucht, ganz bestimmt. Es bringt ihn auch wieder zurück."

Am Nachmittag geht Sophie mit den Eltern zur Familienmette in die Kirche. Hohe Tannenbäume mit vielen hundert Lichtern stehen um den Altar. Kinder führen ein Krippenspiel auf. Für einen Augenblick vergisst Sophie sogar Fridolin und hat echte Weihnachtsgefühle. Daheim aber kehrt die Beklemmung zurück. Zur Bescherung läutet Mutter mit einem kleinen Glöckchen. In dem Spalt unter der Tür zum Wohnzimmer blitzt ein heller Schein.

„Das Christkind war da", sagt Vater und öffnet vorsichtig die Tür. Der mit vielen Kerzen und Christbaumkugeln geschmückte Weihnachtsbaum strahlt ihnen entgegen. Die Geschenke auf dem Wohnzimmertisch sind mit einer weißen Decke verhüllt. Vor der Bescherung sagt Sophie wie in jedem Jahr ein Gedicht auf. Es klingt diesmal ein wenig traurig. Dann zieht Mutter das weiße Tuch von den Geschenken. Sophie steht wie erstarrt, dann ein Schrei: „Fridolin!" Sie fällt den Eltern um den Hals und tanzt überglücklich durch das Zimmer.

Mitten unter den Geschenken steht Fridolin. Aber nicht der alte Fridolin, wie wir ihn kennen. Am auffälligsten ist der neue glänzende Trichter aus Messing. Der hölzerne Kasten ist frisch poliert. Im Tonarm steckt eine spitze Nadel und eine neue Kurbel ragt aus dem Gehäuse. Das Tollste aber kommt noch: Neben Fridolin liegt ein ganzer Stapel Schellackplatten, die er nun alle abspielen kann.

Sophie tut dem Christkind ein wenig Unrecht, denn sie beachtet kaum die übrigen Geschenke, die auf dem Tisch liegen: ein Schal, Bücher, Computerspiele und die Skier, die sie sich so gewünscht hat. Sophie sieht nur ihren Fridolin, dreht ihn mit der Kurbel auf und legt das schönste aller Weihnachtslieder auf den Plattenteller. Jetzt erst wird es richtig feierlich im Zimmer und Fridolin spielt *Stille Nacht! Heilige Nacht!*

Ob Fridolin wohl noch sprechen kann? Das weiß allein Sophie …

Stille Nacht! Heilige Nacht!

Stil - le Nacht! Hei - li - ge Nacht! Al - les schläft,
ein - sam wacht nur das trau - te hoch - hei - li - ge Paar.
„Hol - der Kna - be im lo - cki-gen Haar, schlaf in himm - li-scher
Ruh,_____ schlaf_ in himm - li-scher Ruh!"_____

Text: Joseph Mohr (1792–1848)
Melodie: Franz Gruber (1787–1863)

2. Stille Nacht! Heilige Nacht!
   Gottes Sohn, o wie lacht
   Lieb aus deinem göttlichen Mund,
   da uns schlägt die rettende Stund:
   Christ, in deiner Geburt,
   Christ, in deiner Geburt.

3. Stille Nacht! Heilige Nacht!
   Hirten erst kundgemacht.
   Durch der Engel Halleluja
   tönt es laut von fern und nah:
   „Christ, der Retter ist da!
   Christ, der Retter ist da!"

Alphabetisches Liedverzeichnis

Titel	Seite	CD
Alle Jahre wieder	21	8
Engel lassen laut erschallen	29	11
Es ist ein Ros entsprungen	31	12
Ihr Kinderlein, kommet	41	16
In der Weihnachtsbäckerei	26	10
Jingle Bells	24	9
Joseph, lieber Joseph mein	33	13
Kling, Glöckchen, klingelingeling	19	7
Kommet, ihr Hirten	43	17
Lasst uns froh und munter sein	17	6
Leise rieselt der Schnee	9	2
Lobt Gott, ihr Christen, alle gleich	51	20
Morgen, Kinder, wird's was geben	53	21
Morgen kommt der Weihnachtsmann	59	23
O du fröhliche	11	3
O Heiland, reiß die Himmel auf	15	5
O Tannenbaum	13	4
Rudolph, the Rednosed Reindeer	56	22
Stille Nacht! Heilige Nacht!	61	24
Süßer die Glocken nie klingen	35	14
Vom Himmel hoch	46	18
Was soll das bedeuten?	39	15
We Wish You a Merry Christmas	49	19
Wir sagen euch an den lieben Advent	7	1

Lieder auf der CD

CD		Seite
1	Wir sagen euch an den lieben Advent Playback Nr. 25	7
2	Leise rieselt der Schnee .... Playback Nr. 26	9
3	O du fröhliche .... Playback Nr. 27	11
4	O Tannenbaum .... Playback Nr. 28	13
5	O Heiland, reiß die Himmel auf .... Playback Nr. 29	15
6	Lasst uns froh und munter sein .... Playback Nr. 30	17
7	Kling, Glöckchen, klingelingeling .... Playback Nr. 31	19
8	Alle Jahre wieder .... Playback Nr. 32	21
9	Jingle Bells .... Playback Nr. 33	24
10	In der Weihnachtsbäckerei .... Playback Nr. 34	26
11	Engel lassen laut erschallen .... Playback Nr. 35	29
12	Es ist ein Ros entsprungen .... Playback Nr. 36	31
13	Joseph, lieber Joseph mein .... Playback Nr. 37	33

CD		Seite
14	Süßer die Glocken nie klingen .... Playback Nr. 38	35
15	Was soll das bedeuten? .... Playback Nr. 39	39
16	Ihr Kinderlein, kommet .... Playback Nr. 40	41
17	Kommet, ihr Hirten .... Playback Nr. 41	43
18	Vom Himmel hoch .... Playback Nr. 42	46
19	We Wish You a Merry Christmas .... Playback Nr. 43	49
20	Lobt Gott, ihr Christen, alle gleich .... Playback Nr. 44	51
21	Morgen, Kinder, wird's was geben .... Playback Nr. 45	53
22	Rudolph, the Rednosed Reindeer .... Playback Nr. 46	56
23	Morgen kommt der Weihnachtsmann Playback Nr. 47	59
24	Stille Nacht! Heilige Nacht! .... Playback Nr. 48	61

(Track Nr. 49: Stimmtöne a¹=440 Hz)

Angaben zur CD:
Chor: Rasselbande, Klein-Winternheim;
Leitung: Silke Schöne
Arrangements und Einspielung: Sonny Koop
© 2002/2015 Schott Music GmbH & Co. KG, Mainz, Germany
℗ 2002/2015 Schott Music & Media, Mainz, Germany